권진규

허경회

PKM BOOKS

추천의 글   6

들기   벌거벗은 힘으로 산 권진규   11

봄 마당   하나   〈도모〉, 사랑을 만남   23
            둘   〈기사〉, 세상으로 나아감   43

여름 마당   셋   〈춤추는 뱃사람〉, 검푸른 시대를 헤쳐감   65
            넷   〈지원의 얼굴〉, 우담바라 꽃 세 송이를 빚음   83
            다섯   〈재회〉, 다시 만났으나 다시 헤어짐   113

가을 마당   여섯   〈손〉, 솜씨를 다해 혼을 빚음   139
            일곱   〈자소상〉, 나를 드러내 보임   161
            여덟   〈십자가 위 그리스도〉, 구원을 기림   191

겨울 마당   아홉   〈불상〉, 미륵의 강림을 염원함   231
            열   〈흰소〉, 예술을 기리며 떠남   251

맺기   2022 새로운 여정에 듦   271

주   281
참고 문헌   289
작품 목록   291

추천의 글

김홍남

전 국립중앙박물관 관장*

　　권진규에게 '비운'의 라벨을 붙인다는 것은 한 그루 벌거숭이 나무의 힘, 나력裸力으로 살면서 예술혼을 불태우고 스스로 소진한 자의 삶에 대한 존중이 아니라는 항변으로 책의 첫 장이 열린다. 이 한마디가 품은 함축적 의미가 내 머리를 치는 동시에 그를 에워싼 검은 커튼을 걷어 내는 듯하다. 그의 사후 어느 누가 이런 확신을 토로한 적이 있었던가. 우리가 그를 얼마나 알고 있었나. 죽기 얼마 전부터 나직하게 되뇌던 '이제 할 만큼 했다'가 그의 비문이 되었을 수도 있었겠다. 이 책 『권진규』를 통해 이제야 우리가 그의 실체에 좀 더 다가갈 수 있게 될 것이라는 기대감이 차오른다.

* 이화여자대학교 명예교수(미술사학)인 그는 국립중앙박물관 관장을 역임하고 현재 서울공예박물관 명예관장, (재)내셔널트러스트문화유산기금 이사장의 직을 맡고 있다.

저자 허경회는 권진규의 여동생 권경숙의 아들 형제 중 하나다. 이 가족은 권진규가 1959년 도쿄에서 귀국한 이래 그의 곁에서 고락을 같이했다. 그들은 함경도 함흥 출신의 실향민으로 궁핍 속에서 자존감을 잃지 않고 살았다. 권진규는 혼자였다. 이 가족은 그가 죽기 전 몇 년간 동선동 집에서 함께 살았고 1973년 어느 봄날 작업실에서 스스로 목숨을 끊은 그의 주검을 목격해야 했다.

그 후 그들은 가슴에 큰 한을 품고 그와 그가 남긴 예술 작품들을 애지중지 끌어안고 살면서 그에게 불멸의 부활을 다짐했다. 2006년 그의 집이자 아틀리에는 내가 20년간 몸담아 온 재단법인 내셔널트러스트 문화유산기금에 기탁되어 현재 기념관으로 운영되고 있다. 그 인연으로 지난 수년간 그의 누이와 조카가 작품들을 맡길 최적의 미술관을 찾으려 부단히 애쓰는 모습을 지켜봐 왔다.

오빠의 예술을 보전하려는 누이 권경숙의 의지와 결단력은 대단했다. 권진규기념사업회를 설립하고 수차례 도일渡日, 일본에 흩어져 있던 오빠의 작품들을 찾아왔다. 자료들은 다수가 이미 국립현대미술관에 기증되었고, 험난한 시행착오 끝에 작년 140여 점의 작품들이 서울시립미술관에 기증되었다. 올해 탄생 100주년 기념전을 개최한 후 내년에는 상설 전시실을 열게 된다. 가족이 합심해 이 힘든 일을 해낸 데 대해 깊은 경의를 표한다. 올해로 만 95세가 되는 누이 권경숙은 기력이 쇠했고, 이제 그들에게 남은 미션은 전기의 형식을 통해 많은 이에게 그의 일생과 예술을 전해 주는 일이겠다. 그 과제가 조카 허경회에게 맡겨진 셈이다.

이 책은 허경회의 눈과 마음으로 지켜본 외삼촌에 대한 생생한 기록이자 한 가족의 역사이기도 하다. 비록 조사와 집필의 기간은 짧았으나, 읽어 보면 그가 오랫동안 마음에 담아 두었던 이야기들이 얼마나 많았는지를 가히 짐작할 수 있다. 그 이야기들을 뒷받침하기 위해 많은 자료를 섭렵하고 과묵했던 작가의 내면을 들여다보기 위해 다방면으로 비장하고 성실한 노력을 기울였다는 것을 알 수 있다. 저자는 권진규의 일생을 봄·여름·가을·겨울의 사계四季로 나누어 구성하고, 여기저기 플래시백 내러티브Flashback Narrative의 저술 방법을 통해 독자들에게 영화처럼 생생하게 보여 줄 수 있는 일대기를 쓰기 원했고 그 노력은 헛되지 않았다고 본다.

그는 여느 전기 작가나 미술평론가와는 다른 학문 배경을 가진 사람이다. 경제 철학을 전공했고, 프랑스 파리 10대학교에서 취득한 박사학위 논문은 「칸트, 콩트, 마르크스의 정치 경제학 비판」[1]이다. 그래서인지 이 책은 1920년대에 태어난 사람들의 기구한 인간 조건은 물론이고, 1950-1970년대 한국 미술계의 비판적 시대사와 문화 경제사를 담고 있다. 당대 미술계 권력 작동의 메커니즘에서 괴리된 작가, 비구상非具象 중심의 미술계에서 사실주의를 고집한 한 조각가의 반시대적 외로움을 가감 없이 펼쳐 보여 준다. 저자는 또 '대체 예술이 무엇이길래'라는 근원적인 질문을 던지면서 '권진규'라는 창을 통해 세상과 예술에 대한 답을 찾는다. 그래서 이 책은 권진규 작품들과 저자가 나눈 매우 철학적이고 미학적인 대화이기도 하다.

이 전기를 읽으면서 '조카가 결국 해냈구나'하는 감회와 동시에 한국 근대 미술사에 신선한 파문을 일으킬 힘을 느끼면서 이 소중한 기록을 덮었다.

2022년 1월 새해 아침
북촌 반송재伴松齋에서

(사진 1) 일본에서 귀국한 날 김포공항에 마중 나온 가족들과 함께, 1959년.
맨 왼쪽이 권진규, 가장 작은 꼬마가 필자.

벌거벗은 힘으로 산 권진규

1. 권진규는 내게 세상을 보는 창이 되어 주었다

조각가 권진규는 1922년 함흥에서 태어났다. 그는 일본 무사시노미술학교武藏野美術學校(현 무사시노미술대학)에서 조각을 배웠다. 1959년 초가을 한국으로 돌아왔다. 그가 돌아오던 날 나는 외할머니, 큰이모부, 아버지, 형, 사촌과 함께 김포공항으로 마중을 나갔다. 그는 서른일곱 살 외삼촌이었고 나는 다섯 살 난 조카였다. 그는 우리 아이들과 눈높이를 같이 하기 위해 무릎을 굽혀 사진을 찍었다. 요새는 그런 어른들이 더러 있지만 그때는 거의 없었다(사진 1).

1970년 내가 고등학교 2학년 때 우리 가족은 외삼촌이 사는 서울 성북구 동선동으로 이사했다. 한 지붕을 이고 같이 살았다. 4년째가 되는 어느 봄날, 아틀리에에서 산을 넘어가는 햇살을 등지고 서서 그는 스스로 떠나갔다. 그가 떠난 자리를 나는 우리 가족 가운데 가장 먼저 눈앞에 마주해야 했다. 세상에서 가장 무거운 침묵이 내려앉아 있었다. 현실일 수 없는 현실이었다. 불과 10시간 전만 해도 마당에서 세수를 하고 있던 그에게 나는 "학교에 다녀오겠습니다."라고 인사했고 그는 "그래, 잘 다녀오나."라고 답하지 않았던가.

그런 지도 올해로 49년째가 된다. 나이 쉰하나에 떠난 외삼촌보다 열일곱 해나 더 살고 있는 조카는 그동안 사단법인 권진규기념사업회를 구성하여 14년째 운영해 오고 있다. 권진규미술관을 설립해 준다고 하여 믿고 맡겼던 작품들이 대부업체에 담보로 잡히는 수모도 겪었다. 2년 가까운 소송을 통해 다행히 작품들을 온전히 회수해 올 수 있었다. 그리고 작년 권진규 작품들을 다수 서울시립미술관에 기증하는 절차를 끝맺고 나서 이제 안도의 숨을 내쉬고 있다.

권진규가 누구며 왜 기리는 거지? 당연한 질문이지만 이에 대한 미술사학적 답변은 나의 몫이 아니다. 전문가가 아니기 때문이다. 미술에 대해 별 소양도 없다. 그래도 조각가 권진규에 대해 할 말이 아주 없지는 않다. 감사하게도 그는 내게 세상을 보는 창이 되어 주었다. 나는 그에게서 또한 그를 통해 벌거벗은 힘, 나력裸力을 보았고 끝까지 추구하는 천착穿鑿을 보았다.

2. 권진규에게서 나는 겨울 참나무의 나력을 본다

꽤 오래되었다. 언제부터인가 언론에서 권진규는 비운의 조각가로 묘사된다. 살아생전 우리나라 미술계에서 냉대를 받았고 스스로 목숨을 마감한 이력 때문이리라. 하지만 나는 그에게서 다른 것을 본다.

영국의 계관시인 알프레드 테니슨Alfred, Tennyson 1809-1892은 참나무를 보며 이렇게 읊었다.

참나무	The Oak
당신 삶을 사시게나	Live thy Life,
젊은이든 늙은이든	Young and old,
저기 저 참나무처럼	Like yon oak,
봄에는 밝게	Bright in spring,
금빛으로 빛나며	Living gold;

여름엔 무성하게	Summer-rich
그러다가 그러다가	Then; and then
가을로 바뀌면	Autumn-changed
맑디맑은 색조로	Soberer-hued
다시 금빛을 띄지요	Gold again.
잎은 모두	All his leaves
마침내 떨어지지만	Fall'n at length,
보세요, 그는 서 있답니다	Look, he stands,
몸통과 가지로	Trunk and bough
벌거벗은 힘으로	Naked strength.

나는 권진규에게서 겨울 참나무를 본다. 겨울 참나무의 벌거벗은 몸통과 가지에 돋아있는 힘, 나력을 본다. 참나무는 그 나력이 있기에 겨울을 나며 봄, 여름, 가을을 살아간다. 가진 바 나력이 다하면 겨울을 나지 못하고 새로운 봄, 여름, 가을을 맞지 못한다.

세상엔 두 부류의 삶이 있다. 누군가는 권력으로 산다. 정부든 학교든 시장이든 모든 제도는 제도를 통해 누릴 수 있는 권력을 나누어 주며 구성원들을 유인하고 순치한다. 많은 이가 그러한 제도의 단맛을 누리며 산다. 행복해하기도 하고 불행해하기도 한다. 하지만 모두가 그러한 삶을 사는 것은 아니다. 누군가는 권력 아닌 나력으로 산다. 자신이 지닌 원초적 재능에 스스로 획득한 지식, 기술 등의 힘을 더하여 독자적인 삶을 꿈꾸며 산다. 이들은 제도에 의해 순치되기를 거부한다. 의도하든 의도하지 않든 이들은 기존 제도 및 기존 가치를 위협하는 행동을 한다. 그 결과가 창조적인 것이든 파괴적인 것이든.

일본 무사시노미술대학 교수 구로카와 히로타케黑川弘毅는 권진규에 대해 이렇게 말한다.

> "권진규가 스승으로부터 이어받은 것은, 사실 심각한 갈등의 전장이었다. 스승은 부르델을 맹주로 하는 정규군이었지만, 제자 권진규는 맹약이 실효된 고독한 유격대로서 1960년대를 반시대적으로 살게 된다."[1]

스승은 무사시노미술학교 조각과 교수 시미즈 다카시淸水多嘉示 1897-1987를 말한다. 그는 프랑스 근대조각의 거장 앙투안 부르델Antoine Bourdelle 1861-1929로부터 직접 가르침을 받아 그의 후광을 등에 업고 일본에 돌아와 근대 구상 조각의 예맥藝脈을 세운 인물이다. 그러나 그의 제자 권진규는 1960년대 한국 미술계를 휩쓸고 있던 미국 유학 출신 추상 조각파 앞에 홀로 선, 새로운 추세에 뒤진 자였다.

하지만 권진규는 굴하지 않았다. 그들에 맞서 부르델-시미즈 다카시로 이어지는 구상 예맥을 묵묵히 이어갔다. 그런 그에게서 나는 눈바람 치는 겨울날 두 팔 벌리고 선 참나무를 본다. 비운의 혼이 아닌 투사의 혼을 본다. 살아생전 그는 자신이 가치를 둔 리얼리즘을 구현하기 위해 투혼을 쏟아부었다. 추상 조각과의 전선은 진영 대 진영이 마주한 전선이 아니었다. 추상 조각의 대세 속에 포위된 채 홀로 입지를 구축해보려는 참호전 같은 것이었다.

그러다가 그러다가 가진 바 나력이 다하자 권진규는 스스로 생을 마감하였다. 비운은 아마도 권력으로 사는 삶에 알맞은 형용이다. 권력으로 살고자 하나 권력을 손에 못 쥔다면 그것은 슬픈 운이다. 그러나 그저 자신의 나력으로 산, 사는, 살고자 하는 이들에게 비운의 라벨은 그들의 삶에 대한 존중이 결여된 형용이 아닐까 싶다.

3. 권진규는 일생을 두고 한길을 천착했다

권진규는 오늘날 이중섭1916-1956, 박수근1914-1965 등과 함께 한국 근대 미술의 거장 반열에 꼽힌다. 이

위상에 대해 무엇인가를 더하고 빼고 할 만한 앎이나 소양이 내겐 없다. 다만 그가 어깨를 나란히 하는 다른 예술가들에 비해 대중적으로 덜 알려져 있어 개인적으로 안타까움을 안고 있을 뿐이다.

그런 권진규에게 언제부터인가 붙여진 형용이 하나 더 있다. 언론에 간혹 '비운의 천재 조각가 권진규'라는 제하의 기사가 나오곤 한다. 그가 천재였나? 잘 모르겠다. 살아오면서 천재들을 마주친 경험이 많지는 않아도 전혀 없지는 않다. 말을 통해 글을 통해 작품을 통해 기발함, 번득임, 날렵함, 귀기 서림 등을 느끼게 하는 사람들이 있다. 그런 사람들이 천재라면 위 3인의 근대 거장들 가운데 이중섭이 가장 근사한 인물이 아닐까 싶다.

둔해서인가, 나는 권진규에게서 그런 것들을 크게 느끼지 못했다. 대신 묵직함을 느꼈다. 입도 행동거지도 그랬다. 묵직한 입과 행동으로 그는 한길을 갔다. 다른 길에 눈길을 주지 않았다. 미국 시인 로버트 프로스트Robert Frost 1874-1963가 〈가지 않은 길The Road Not Taken〉에서 노래한 것처럼 그에게 가지 않은 길에 대한 미련은 없었다. 그는 자신이 택한 구상 조각의 길을 끝까지 천착했다. 아마도 그는 자신의 조형 세계를 천재로 이루지 않았다. 그보다는 천착으로 이루지 않았

(사진 2) 동선동 그의 아틀리에에서 작업하고 있는 권진규, 1971년경.

을까 싶다(사진 2). 그런 점에서 박수근과 더 가까워
보인다.

　예술가들은 용감한 사람들이다. 그들은 자신을 솔
직하게 드러내 보인다. 작품을 통해서다. 작가의 삶을
배반하는 작품은 없다. 작가의 삶으로부터 유리遊離
된 작품은 없다. 명작이든 졸작이든 그러하다. 작품을
보면 삶이 보인다. 그들이 내는 작품은 그들이 살아온
삶의 고백이다.

　이 책은 조각가 권진규의 삶과 작품에 대한 이야기
이다. 그는 좀처럼 자신의 삶을 누군가에게 이야기하
지 않았다. 그러나 그의 작품은 그의 삶을 고백하고
있다. 이 책은 그 고백을 감히 드러내 보이고자 한다.
작품을 통해 그가 고백한 그의 삶을 민낯 그대로 드러
내 이야기하고자 한다. 그리고 그가 살았던 삶으로 다
시 그의 작품을 보고자 한다.

　그가 천착으로 이룬 조형 세계를 그가 산 삶의 여정
에 따라 열 개 마당으로 나누어 보았다. 마당별로 마
당을 대표하는 그의 작품을 하나씩 소개하기로 한다.
연인 도모와의 만남으로 시작해서 흰 소와 함께 떠남
으로 마감한다.

　첫 두 마당의 〈도모〉와 〈기사〉에서 우리는 성공적
으로 예술가의 길에 들어선 권진규를 만난다. 꽃을 피

우며 연초록 잎을 내는 봄의 에너지가 가득하다. 봄 마당이다.

다음 세 마당 〈춤추는 뱃사람〉, 〈지원의 얼굴〉, 〈재회〉에서 우리는 척박한 땅에서 리얼리즘의 자기류自己流를 고집스럽게 개척해 간 권진규를 만난다. 뜨거운 창작열이 내뿜는 열기가 가득하다. 여름 마당이다.

그다음 세 마당 〈손〉, 〈자소상〉, 〈십자가 위 그리스도〉에서 우리는 경지에 오른 장인의 솜씨로 외롭게 자신의 한계를 끝까지 밀어붙여 간 권진규를 만난다. 바람이 낙엽을 쓸며 찬비를 부른다. 가을 마당이다.

마지막 두 마당 〈불상〉과 〈흙소〉에서 우리는 꿋꿋하게 예술의 길을 걷는 이들에게 마지막 오마주를 보내며 떠나는 권진규를 만난다. 마당에 발자국이 멎고, 멎은 발자국 위로 흰 눈이 내린다. 겨울 마당이다.

봄 마당

〈도모〉, 사랑을 만남

1. 그의 과묵함 속에 트라우마가 있었던 것은 아닐까

1940년 아침저녁으로 찬 기운이 도는 4월 초였다. 늦은 밤 춘천역에 들어온 경성발 기차에서 단발머리를 하고 가슴께에 자주색 나비를 단 회색 스웨터를 받쳐 입은 작은 소녀 아이가 내렸다. 자기도 오빠를 보겠다고 멀리 함흥에서 새벽 기차를 타고 어머니를 따라나선 것이었다.

소녀 아이는 권진규의 막내 누이 경숙이었다. 그가 기억하는 오빠는 '새도래 방귀'였다. '새도래'는 새퉁이의 함경도 사투리이다. 새퉁이는 밉살스럽거나 경망스러운 짓을 하는 사람이다. '새도래 방귀'는 새도래가 뀌는 방귀라는 것이니 세상에 다시없이 가벼운 밉상에, 까불이라는 뜻이겠다. 그랬다. 유소년기 권진규는 밝고 명랑한 성격이었고 막내 누이에게 짓궂은 장난을 많이 쳤다. 경숙이가 언니와 친구들과 소꿉놀이며 줄넘기 놀이를 할 때 곧잘 끼어들어 놀았으며 그러다가 골탕을 먹이고 달아나곤 했다. 함흥에서 열 손가락 안에 드는 갑부 집안에서 태어난 오누이는 그렇게, 그처럼 실없이 까불대면서 웃고 떠들며 유소년기를 보냈다. 춘천에서도 소양강 변에 나가 오빠는 질겁하는 동생에게 개구리를 잡아 던지며 '개골개골' 하며 놀렸다.

그리고 세 해가 지나갔다. 1943년 여름, 오빠 진규는 당시 니혼의과대학日本醫科大學에 재학 중이던 큰오빠 진원을 따라 일본으로 건너갔다. 미술연구소에 들어가 공부를 시작했다고 들었다. 그랬는데 1년 뒤 오빠가 한밤중에 집으로 돌아왔다. 몰골이 추레했다. 아버지와 한참 이야기를 나누더니 그날로 자취를 감추었다. 그런지 열흘이 지났을까. 하교 때면 말을 탄 일본 순사가 뒤쫓아 왔다. 왜 그랬는지 그 이유를 경숙은 한참 나중에 알게 되었는데 이랬다.

조센징 곤도 다케마사權藤武政(권진규의 창씨개명 이름)는 도쿄 시내 신바시에서 일본 경찰 순사에게 붙잡혔다. 그는 다치카와 시에 있는 비행기 부품공장으로 끌려갔다. 그곳에서 1년 가까이 강제 노역을 하던 그는 이듬해 여름 탈출에 성공한다. 멀리 시모노세키까지 가서 그곳에서 부산으로 가는 밀항선을 타고 귀국한다. 천신만고 끝에 고향 함흥으로 돌아왔고 자초지종 이야기를 듣고 난 아버지 권정주는 아들을 일꾼에게 맡겨둔 과수원에 숨긴다. 그렇게 1년 동안 해방되는 날까지 그는 일꾼들 틈에 끼여 도망자 생활을 하게 된다.

이 사건에 대해 권진규로부터 자세하게 들은 사람은 없다. 아버지 외에 그는 누이에게도 다른 어떤 지인에게도 술회한 적이 없다. 붙잡혀서 1년 동안 그는 어떤 일을 겪었을까. 트라우마는 없었을까. 누이 경숙은 그 이후 오빠에게서 예전의 '새도래'를 보지 못했다. 짓궂은 장난은커녕 오빠의 굳게 다문 입이 낯설게 느껴졌다. 춘천공립중학교 시절 학생 총 대표, 급장, 기숙사 대표를 했던 권진규는 온데간데없이 자취를 감추었다. 청년 권진규는 과묵 속에 깊이 가라앉았다.

이후 그는 세상을 떠나는 날까지 그렇게 살았다. 가족 관계도 지인 관계도 단출했다.

왜 사람이 그토록 바뀌었던 것일까. 권진규를 누구보다도 잘 아는 화가 권옥연1923-2011은 말년 그의 건강을 걱정하는 지인들에게 이렇게 말했다. "(권진규가) 몸의 병보다 마음의 병을 먼저 고쳐야 할 것이다."[1] 병원에 가서 진단을 받아 본 적이 없으니 그 마음의 병이 무엇인지 특정할 길은 없다. 그런데 그 병이 혹 젊은 시절 겪었던 징용의 트라우마에서 비롯된 것은 아니었을까. 살아생전 본인이 그 일에 관해 남긴 이야기가 전혀 없었으니 이 또한 그저 미루어 짐작해 볼 뿐이다.

2. 과연 혼을 양감으로 빚어낼 수 있을까

권진규는 어려서 늑막염을 심하게 앓았다. 휴학도 하고 함흥공립중학교 시험에 낙방도 하면서 동갑내기들과 학년 차가 벌어지게 된다. 그래서 아버지 정주는 아들을 춘천으로 유학 보내게 된다. 권진규가 춘천공립중학교를 1943년 3월 만 20세 늦깎이로 졸업하게 된 연유는 그러하다.

그때만 해도 권진규가 조각가의 꿈을 꾸고 있었던 것은 아니었다. 학교 친구들 누구도 그런 이야기를 들은 바가 없다. 전기轉機는 느닷없이 찾아왔다. 앞서 말한 것처럼 졸업하던 해 그는 형 진원을 따라 도쿄에 갔다. 히비야 공회당에서 음악을 감상하다가 그는 문득 "음을 양감으로 빚어낼 수는 없을까."라는 생각을 하게 된다. 그것이 계기였다. 그는 바로 미술연구소를 찾아간다. 그렇게 미술 공부를 시작하던 차에 그에게 첫 좌절이 들이닥친다. 징용이었다.

징용이 그에게서 밝고 명랑한 성격을 앗아갔어도 그러나 꿈까지 지우지는 못했다. 1947년 그는 서울에서 이쾌대1913-1965가 연 성북회화연구소에 들어가 미술 공부를 다시 시작한다. 시작은 기회를 낳는다. 니혼의과대학을 졸업하고 대학 부속병원에서 의사로 근무하던 형 진원이 악성 폐렴에 걸리고 만다. 아버지 뜻에 따라 진규는 형을 간호하기 위해 다시 밀항선을 탄다. 하지만 이듬해 형 진원은 세상을 떠난다. 진규는 귀국하지 않고 도쿄에 머물며 사설 연구소에서 미술 공부를 이어간다. 그러다가 1948년 9월 무사시노 미술학교 조각과에 입학하게 된다.

이 학교의 전신은 1929년 문을 연 데이코쿠미술학校帝國美術學校로서 '교양을 갖춘 미술가 양성' 및 '인간

(사진 1) 무사시노미술학교 학우들과 함께, 1951년. 왼쪽에서 두 번째가 권진규.
도시마 야스마사기념관 제공.

적 자유에 도달할 수 있는 교육'을 교육 이념으로 표
방하였다. 일견 제국주의 시대와 걸맞지 아니하나 대
부분 프랑스 유학파 출신으로 구성된 교수진은 '인간
적 자유에 도달할 수 있는 교육'의 차원에서 '학생 각
자의 개성적 특질을 존중하고 그것을 발휘할 수 있도
록 단련'하는 데 힘썼다.[2]

권진규는 분명 그러한 교육 이념 및 교수법의 수
혜자였다. 스승 시미즈 다카시를 비롯해 어떤 누구도
'음을 양감으로 조형'해 보고자 하는 권진규에 개입하
지 않았다. 시도하게 놓아두었을 뿐 아니라 무사시노
미술학교는 그에게 인생 최대의 원군까지 만나게 해
주었다.

1951년 3학년이 된 권진규는 같은 아틀리에에서
서양학과 2학년 오기노 도모荻野トモ를 만나게 된다.
도모에게 모델이 되어 줄 것을 청했고 그는 기꺼이 응
한다. 이리하여 권진규의 첫 작품 〈도모〉(사진 2)가
제작된다. 석고로 만들고 채색한 두상 작품이다.

그는 생애에 걸쳐 환조丸彫를 주로 만든다. 부조浮彫
는 그 수가 30여 점 정도이다. 부조에서는 반半구상,
반半추상의 작품이 있으나 환조는 거의 다 구상 작품
이다. 인물상과 동물상이 대다수이고 일부 전신상도
있으나 대부분은 흉상이거나 두상이다.

(사진 2) 〈도모〉, 1951년경, 석고에 채색, 24.0×17.0×23.0cm. 권경숙 기증. 서울시립미술관 소장.

권진규의 조소, 환조는 왜 흉상이나 두상이 대부분일까. 재질, 기법, 제작 비용 등 여러 가지 요인이 복합적으로 작용했으리라 생각된다. 그 가운데 하나, 재현하고자 하는 목적물에 초점을 맞추어 우리의 어림짐작을 이어가 보기로 하자.

사람이 만드는 음은 어떻게 만들어지는 것인가. 혼魂이 짓고 육肉으로 재현해 내는 것 아닌가. 그 혼은 우리 몸의 어디에 있는 것일까. 팔, 다리, 배는 아니지 않을까. 그렇다면 머리와 가슴 아닌가. 음을 양감으로 표현하고자 한다면 그래서 머리와 가슴의 조형을 시도해야 하는 것 아닌가.

3. 〈도모〉는 도모의 마지막을 지켜보았다

1951년 두상 〈도모〉가 제작되던 해 한국은 전쟁 중이었다. 1·4 후퇴 즈음 권진규 가족은 함흥을 떠나 월남한다. 사업 기반을 모두 이북에 남겨 놓고 간신히 몸만 빠져나온 실향민 신세가 되었다. 겨우 서울 종로구 사간동 9번지(국립현대미술관 서울관 인근에 국수명가라는 국숫집이 있다. 바로 그곳으로 집 틀이 변하지 않고 그대로 있다)에 자리 잡았다.

(사진 3) 무사시노미술학교 아틀리에에서
작업에 몰두하고 있는 권진규, 1955년경.
도시마 야스마사기념관 제공.

(사진 5) 오기노 도모, 1950년대.

(사진 4) 무사시노미술학교 아틀리에에 놓인 권진규 작품들, 1950년대.
도시마 야스마사기념관 제공.

도쿄에 있는 권진규는 학교에서 조각 수업과 작품 작업에 푹 빠져 지냈다(사진 3 / 4). 다른 한편 그는 도모와 사랑에 빠졌다. (사진 5)에서 보듯이 눈에 띄는 미인이었다. 교제는 동거로 이어지고 결혼으로 이어졌다. 서울로부터 생활비 지원은 기대할 수 없는 처지였던바, 둘은 아르바이트를 하며 학업과 생계를 이어갔다. 권진규는 틈틈이 도모를 종이에 데생(사진 6 / 7)으로 옮겼다. (사진 6)의 데생으로 석고 〈도모〉(사진 8)를 조형했다. 이 작품은 테라코타로도 만들었다.

　어렵고 힘들었지만 그때가 권진규에게는 가장 행복한 시절이었다. 마치 물 만난 물고기 같았다. 학교 친구들과 함께 찍은 사진들에서 그는 밝은 미소를 띠며 친구들과 즐거운 시간을 보내고 있었다(사진 9 / 10 / 11). (사진 9)에 담긴 권진규를 보면 다른 친구들과 포즈가 다르다. 물론 자연스럽다. 하지만 어떤 각도에서 자신의 모습이 가장 폼나게 나오는지를 아는 사람만이 자연스럽게 취할 수 있는 포즈이다. 마치 물 만난 물고기가 어떤 영법으로 헤엄칠 때 자기가 가장 멋있어 보이는지 알고 헤엄치는 듯한 모습이다.

　그러는 사이 서울 집에서는 아버지 권정주가 고혈압으로 인한 질환으로 세상을 떠났다. 어머니 조춘도 나이 예순을 넘겨 혼자 지내기 힘든 사정에 처했다.

〈사진 6〉〈도모〉, 1957년경, 종이에 연필, 30.2×26.3cm. (사)권진규기념사업회 기증.
서울시립미술관 소장.

(사진 7) 〈도모〉, 1957년, 종이에 콘테, 30.2×26.3cm. (사)권진규기념사업회 기증.
서울시립미술관 소장.

〈사진 8〉〈도모〉, 1957년경, 석고, 27.0×21.0×24.0cm. (사)권진규기념사업회 기증.
서울시립미술관 소장.

도모와 만난 지 여덟 해가 되는 1959년 권진규는 결국 귀국을 결심하게 된다. 권진규는 자신이 만든 작품을 정리했다. 더러는 배편으로 서울 집에 부쳤고 더러는 학교 친구와 도모에게 맡겼다. 작품 〈도모〉(사진 2 / 12 / 13)는 도모에게 맡겼다.

〈도모〉는 단발머리를 하고 있다. 1951년 권진규가 모델로 점찍고 부탁한 여인은 긴 머리칼이 아니었다. 혼을 들여다보자면 긴 머리칼은 거추장스러운 장식이라고 생각한 것이 아니었을까. 그는 단발머리 여인을 택했고 발에서부터 가슴까지 모두 버리고 목부터 머리끝까지만을 취해 시선을 집중했다. 그렇게 그는 그로부터 70년이 지난 오늘날에도 여론의 호된 비판을 받고서야 여성을 젖소에 비유하는 광고를 내리고, 젖소 무늬 원피스를 입은 여성에게 환호하는 홍보용 웹툰을 내리는 사람들과는 달라도 한참 다른 세상 사람이었다.[3]

도모는 2014년 7월 세상을 떠났다. 권진규의 작품 〈도모〉는 그의 곁을 지켰다. 권진규의 누이동생 경숙은 아들 허경회와 함께 2017년 5월 도모의 남편 가사이 세이고河西成吾 집을 방문했다. 그에게서 도모가 간직해 오던 권진규 작품 20여 점을 사 왔다. 그 가운데 작품 〈도모〉가 있다. 오빠의 첫 작품인지라 경숙은

(사진 9) 무사시노미술학교 친구들과 함께, 1956년. 왼쪽에서 두 번째가 권진규.
도시마 야스마사기념관 제공.

(사진 10) 도쿄 거리에서 무사시노미술학교 친구들과 함께, 1950년대. 왼쪽부터 도시마 야스마사, 아키야마 세죠, 권진규. 도시마 야스마사기념관 제공.

(사진 11) 무사시노미술학교 친구들과 도쿄 거리에서, 1957년. 맨 왼쪽이 권진규. 도시마 야스마사기념관 제공.

〈사진 12〉〈도모〉, 1951년경.

〈사진 13〉 〈도모〉, 1951년경.

〈도모〉를 2021년 7월 다른 작품들과 별도로 서울시립미술관에 직접 기증하였다.

둘

〈기사〉, 세상으로 나아감

1. 예술을 업으로 하는 길로 들어서다

예술을 업으로 하는 사람들이 많다. 예술인 혹은 예술가라 불린다. 그들 가운데는 작품이 수억, 수십억에서 수백, 수천억 원을 호가하는 경우도 있다. 하늘의 별이 된 작고作故 작가만 그런 게 아니다. 드물지만 생존 작가도 있다. 모두가 그런 성공을 이루는 것은 아니다. 일부, 극히 일부만 그런 성공을 거두며 불멸의 명성을 얻는다. 많은 수, 어쩌면 대부분의 예술가는 경제적으로 어려움을 겪으며 산다. 그늘진 곳에서 생활고에 시달리다가 스스로 목숨을 끊는 경우도 없지 않다. 그런데도 예술인의 길을 걷고자 하는 사람들이 끊이지 않는다. 대체 예술이 무엇이길래, 그럴까.

넓은 의미에서, 상식의 입으로 답해 본다. 예술이란 사람들에게 감동을 주고 영감을 불러일으키고 메시지를 던지는 작업이다. 감동과 영감과 메시지 등이 담긴 작품을 제작하는 활동이다. 작품은 글로 음으로 양감으로 표현된다. 표현 혹은 재현해 내고자 하는 소재는 무궁무진하다. 우주 삼라만상이 대상이며 눈에 보이지 않는 존재까지 포함한다. 예술은 이들 대상이 품고 있는 밝음과 어두움, 아름다움과 추함, 성스러움과 비루함 혹은 비열함, 반듯함과 기괴함, 기쁨과 슬픔 등을 재현해 낸다. 누구는 구체적으로 누구는 추상적으로, 누구는 부드럽게 누구는 거칠게, 누구는 세세히 누구는 간결하게 표현해 낸다.

그렇게 만들어진 예술 작품은 가치를 가진다. 작품 속에 재현된 대상이 얼마나 사람들의 가슴에 공명을 이루어내느냐가 관건이다. 표현된 아름다움과 추함, 기쁨과 슬픔 등이 얼마나 큰 침투력을 보여 주느냐에 따라 가치가 정해진다. 보다 많은 사람에게, 보다 깊게, 보다 크게 울림의 파장을 불러일으킬수록 작품의 가치는 크다. 이러한 차원의 가치를 이름하여 예술 작품의 내재적 가치라고 일컫는 것이 아닌가 한다. 미학적 가치라는 것도 이를 말하는 것이지 싶다.

예술 작품이 이런 내재적 가치 혹은 미학적 가치로

만 평가되는 것은 아니다. 시장 가치, 교환 가치 혹은 경제적 가치로도 평가받는다. 이 작품은 1천만 원, 저 작품은 1억 원 등으로 매겨진 가격이 바로 예술 작품의 시장 가치 혹은 경제적 가치이다.

그런데 예술 작품의 내재적 가치와 시장 가치는 보통 곧바로 일치하지 않는다. 시장에 있다는 '보이지 않는 손'이 일반 상품의 경우에는 바지런히 움직여 둘의 간극을 빠르게 좁혀 가지만 예술 작품 시장을 관장하는 '보이지 않는 손'은 느긋하다 못해 게으르기까지 하다.

빈센트 반 고흐Vincent van Gogh 1853-1890의 작품은 그의 생전에 단 한 점만이 단돈 400프랑(현재 가치 약 1,100만 원)에 팔린 것으로 알려져 있다. 동생 테오 Theo van Gogh 1857-1891는 형 빈센트를 죽도록 사랑했다. 그가 그림에만 전념할 수 있도록 물심양면으로 전력을 다해 도왔다. 그들은 편지로 많은 이야기를 나누었다. 죽기 2년 전 형은 동생에게 죽음을 이야기하며 이렇게 쓴다. "죽어서 묻혀버린 화가들은 그 뒷세대에 자신의 작품으로 말을 건다."[1]라고. 그 말대로 반 고흐의 작품은 그의 사후 가격이 치솟았다. 그가 떠난 지 100년이 되던 해, 1990년 〈가셰 박사의 초상Portret van Dr. Gachet〉은 한 경매에서 8,259만 달러(현재 가치

991억 원)에 낙찰되었다.

　작품을 주문받아 제작할 만큼 살아생전 재능을 인정받은 예술가라고 해서 고초와 고난을 피해 갔던 것은 아니다. "나는 완전히 의기소침해 있습니다. 벌써 일 년이나 교황에게서 한 푼도 받지 못하고 있습니다. 나는 아무것도 청구하지 않았습니다. 작업이 너무나 지연되고 있기 때문에 보수를 받을 엄두도 내지 못하고 있습니다. 일이 늦어지는 것은 이 일이 어렵고 내 본업이 아니기 때문입니다. 시간만 자꾸 헛되이 지나갑니다. 신이여. 도와주소서!" 1508년 교황의 명에 따라 시스티나 성당 천장에 벽화 〈천지창조The Creation of Adam〉를 그리는 작업을 하면서 미켈란젤로Michelangelo Buonarroti 1475-1564는 그렇게 기도했다.[2]

　오늘날은 사정이 나아져 그런 강요된 노동을 해야 하지는 않으리라. 그러나 피치 못할 수입의 필요성 앞에 작품에 대한 자신의 구상을 굽히는 등 굴욕을 감내해야 하는 경우는 여전히 있지 않을까. 불상 제작을 의뢰받았는데 기존의 부처님 얼굴과 사뭇 다른 얼굴을 한 불상을 제작하면 어떻게 될까. 예수상, 성모상을 의뢰받았는데 의뢰처가 생각하는 모습과 다르면 어떻게 될까. 위인상은 또 어떨까.

　예술을 직업으로 하는 예술인의 길은 아마도 그런

고초를 헤쳐가야 하는 길이다. 집안이 부자여서 평생 먹고살 걱정이 없는 사람이라면 그렇지 않겠으나 그런 예술인이 몇이나 되겠는가. 무사시노미술학교를 막 나온 권진규가 가야 할 길도 뻔했다.

1953년, 더 이상 서울에서 송금은 없었다. 권진규에게는 작은 하숙집 월세마저 버거웠다. 그는 도모의 아파트로 거처를 옮기고 둘은 동거를 시작한다. 그러나 그곳에서는 조각 작업을 할 수가 없었다. 다시 학교 가까운 곳으로 이사를 하고 작품 제작은 학교 아틀리에에서 했다. 생활비는 도모가 아르바이트를 하여 벌었다. 도모는 손재주가 뛰어난 여성이었다. 그는 미싱 재봉, 봉제 등의 아르바이트로 생활비를 벌어 권진규의 작업 활동을 뒷받침했다. 1959년 권진규가 귀국할 때 조카들(누이 경숙의 아들 4형제) 나이에 맞추어 만들어 보낸 봄여름철 겉옷 네 벌을 보면 프로 의상인 솜씨였다.

이듬해부터는 권진규도 아르바이트를 시작한다. 영화《고질라의 역습ゴジラの逆襲》이 촬영될 때 무사시노미술학교 그룹 '석고옥'이 촬영용 세트를 제작했는데 여기에 참여하여 그는 은행 건물의 모형을 제작했다. 그 후로도 권진규는 도호, 다에이, 쇼치쿠 등 영화 촬영소에서 아르바이트를 계속했다.《지에코초智惠子

抄》촬영 때는 다카무라 고타로高村光太郎 1883-1956의 조각 모작을 10여 점 제작하였다. 1957년부터 귀국할 때까지 2년간은 마네킹을 만드는 회사에서 도모와 함께 마네킹을 만드는 아르바이트를 한다(사진 1). 사진 뒷면에 다음과 같은 권진규의 육필이 있다(사진 2).

> "거꾸로 매달려 있는 것은 나의 작품이다. 노바Nova 마네킹 회사는 도쿄에서 일류사一流社라고 불린다. 지금 그 회사 채색실에서 얼굴을 그리고 있는 처의 스냅.
> 1959. 2월에 찍다."[3]

이렇게 둘이 아르바이트로 생계를 이어가는 생활을 하면서도 권진규와 도모는 요즘 한국의 MZ세대처럼 한 가지 고급스러운 소비를 즐겼다. 그들은 나카노에 있는 클래식 전문 음악다방의 고객이었다. 당시 한 잔에 50엔(메밀국수와 같은 금액)하는 비싼 커피를 마시며 음악을 즐기는 생활을 포기하지 않았다.[4]

그렇게 예술을 업으로 하는 권진규의 인생길이 시작되었다. 장차 성공하면 많은 사람에게 감동을 주고 영감을 불러일으키고 소중한 메시지를 전달하게 되겠으나 앞서간 수많은 예술가가 그러했듯이 생활의 고초는 스스로 감당하고 감내해야 할 것이었다.

サカサに吊これてゐるのが十生
のマネキン作品で、
Nova マネキン本は東京で
一流社と云はれてゐる工、
今 Nの会社の彩色室で
顔を書いてゐる家内の
スナップ。

1959, 2月 撮。?

(사진 1) 마네킹에 채색을 하고 있는 도모, 1959년 2월.
(사진 2) (사진 1)의 뒷면, 권진규의 메모.

2. 여인을 말에 태우고 세상으로 나서다

학교 아틀리에에서 권진규는 인기가 많았다. 동급생 그룹에게는 존경하는 친구였고 후배들에게는 롤모델이기도 했다. 그들은 조각과 예술에 대해 권진규와 대화하면서 많은 것을 배웠으며 권진규가 만든 작품의 영향을 받았다. 특히 당시 무사시노미술학교에 석조의 전통이 없었던바, 석조에 관한 한 권진규는 그들의 선생이기도 했다.

권진규는 학교 재학 시절부터 작가 등용문을 두드렸다. 1952년 4학년 2학기 때 재야 공모전인 이과전二科展에 석조〈백주몽白晝夢〉을 출품하여 입선했다. 이듬해에는 석조〈기사〉, 〈마두 A〉(사진 3), 〈마두 B〉(사진 4)를 출품하여 특대特待의 상을 수상했다(사진 5). 이후 귀국할 때까지 그는 거의 매해 이과전과 일양회一陽會에 입선하며 작가로서의 역량을 인정받았다. 주로 석조였으나 1958년 제4회 일양회 때는 처음으로 테라코타 작품을 선보였다.

권진규의 석조는 미술사적 의미가 매우 크다고 들었다. 근대 이전 고래로 중·한·일 동북아 3국의 석조 조각은 불상이나 왕릉을 지키는 동물상 형태의 것이었다. 근대에 들어와서는 그 맥이 거의 끊긴 상태였

(사진 3) 〈마두 A〉, 1952년경, 안산암, 31.4×64.2×15.6cm. 국립현대미술관 소장.

(사진 4) 〈마두 B〉, 1953년경, 안산암, 30.0×72.0×18.0cm. 권경숙 기증. 서울시립미술관 소장.

(사진 5) 제38회 이과전 특대의 상을 받은 〈기사〉 앞에서 도쿄를 방문한 이종사촌 김익남과 찍은
기념사진, 1953년. 맨 왼쪽이 김익남, 맨 오른쪽이 권진규.

다. 1952년부터 해마다 이과전에 꾸준히 출품된 권진규의 조각은 동북아 석조 조각의 맥을 이은 것이라는 점에서 주목받을 만한 것이었다.

그 작품들 가운데 제38회 이과전에서 특대의 상을 받은 〈기사〉(사진 6 / 7)를 특히 주목해 보고자 한다. 향후 모양을 갖춰 갈 권진규 작품 세계의 중요한 특징을 엿볼 수 있게 해 주기 때문이다.

이 작품을 보는 도쿄국립근대미술관 부관장 마츠모토 도오루松本透[5]의 눈썰미는 놀랍기만 하다. 그가 드러낸 〈기사〉의 정체를 보자.

"이 작품을 정면에서 보면, 말머리에서 목에 이르는 각 부위, 그리고 기사의 세련되지 않으면서도 힘 있는 팔에서 어깨, 어깨에서 옆구리, 옆구리에서 다리로 이어지는 볼륨감이 선명하게 조각되어 있는데, 기사의 머리 부분은 멀리서 보아서는 판별할 수 없을 정도의 문자 그대로 콩알만한 크기의 작은 여백으로 채워져 있다. 정면에서 보는 것만으로는 말에 타고 있는 사람이 사실은 젊은 여인인 것조차 눈치채지 못할 것이다. 그것은 돌덩어리의 좌측면(기사의 뒷면)에 긴 머리카락이 선각되어 있는 것을 발견하고 나서야 비로소 알 수 있는 것이다. 여인은 마치 말을 어여삐 여기는 듯 왼팔을 말의 몸통으로 뻗었으며, 그 손가락은 말의 이마에 닿아 있다. 이러한 사실

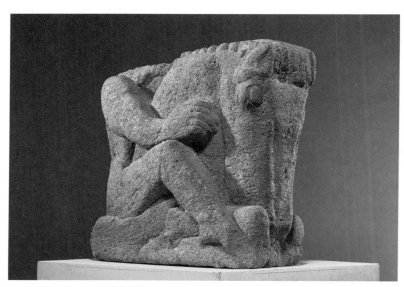

(사진 6) 〈기사〉, 1953년, 안산암, 62.0×65.0×29.0cm. 권경숙 기증. 서울시립미술관 소장.

〈사진 7〉〈기사〉, 1953년.

은 이 석조 작품 뒷면이나 우측면(말머리의 정면)에서 보지 않으면 알 수 없는 것이다. (...) 더욱이 중요한 것은 이렇듯 독특한 조형 자세와 방법이 다른 작품에서는 볼 수 없는 '젊은 여인과 말'이라는 상을 만들어내고 있다는 점이다."[6]

그랬다. 〈기사〉의 기사는 서양 중세의 마상 기사가 아닌 여인이었다. 이 여인은 누구일까. 마상의 여인은 훗날 다시 모습을 드러낸다. 권진규는 1965년경 점토로 〈말과 소년 기수〉(혹은 〈기수〉)(사진 8)를 만든다. 말이 고개를 돌려 등에 탄 기사에게 입을 맞추고 있다. 〈말과 소년 기수〉라는 타이틀은 그가 붙인 작품명이 아니다. 후에 연구자들에 의해 붙여진 이름이다. 그렇다면 이 기사도 실은 소년이 아니라 여인이라고 볼 수 있지 않을까. 여인이라면 1953년 석조 〈기사〉에서 표현했던 그 여인이 아닐까.

여인은 누구이고 말은 또 누구였을까. 권진규가 추구한 리얼리즘은 지나치리만큼 엄격했다. 그의 말을 들어 보자. "모델의 내적 세계가 투영되려면 인간적으로 모르는 외부 모델을 쓸 수 없으며, 모델 + 작가 = 작품이라는 등식이 성립한다."[7]라는 것이었다. 그래서 권진규가 재현한 인물상은 구체적 모델이 있었다. 그렇다면 두 작품에 재현된 여인은 도모가 아니었을

(사진 8) 〈말과 소년 기수〉, 1965년경, 점토에 채색, 35.0×34.0×36.0cm. 개인 소장.

까. 그를 태운 말은 권진규 자신이 아니었을까.

사랑하는 남녀 커플의 모습은 아름답다. 함께 있을 때 생동하는 아름다움이 보이고 헤어져 있을 땐 처연한 아름다움이 서려 있는 듯 보인다. 〈기사〉와 〈말과 소년 기수〉에서 볼 수 있는 것은 그 같은 아름다움이 전부가 아니다. 거기에서 우리는 다른 한편으로 권진규의 예술이 이어받고 있는 예맥藝脈을 본다.

2년여 전 2019년 6월 무사시노미술대학은 개교 90주년 기념행사의 하나로 국제 콘퍼런스《브루델이 동북아에 미친 영향Bourdelle's Impact in East Asia》를 열었다. 필자는 무사시노미술대학의 초청을 받아 그 학술회의에 참석했다. 첫째 날, 파리 부르델미술관 관장 아멜리 시미에Amélie Simier의 부르델에 관한 강연이 있었다. 그는 파워포인트 자료 화면으로 사진 한 장을 올렸다(사진 9). 부르델이 가르치는 학교 수업 광경이었다.

스승 부르델이 30여 명의 제자들에게 둘러싸여 있다. 전면에 모델이 보인다. 제자들 수를 남녀별로 세어 본다. 공교롭게도 남학생 열일곱, 여학생 열일곱. 딱 동수로 보인다. 이렇게 그의 작업실에는 여학생들이 많았다고 한다. 그들은 부르델로부터 어떠한 차별 없이 함께 예술인의 길을 걷는 동료로 대접받았고 수

(사진 9) 부르델의 학교 수업 광경, 1924년. 아오야마 도시코 제공.

업은 묻고 답하는 대화로 이루어졌다고 한다. 시미즈 다카시 교수가 부르델로부터 직접 수업을 받은 제자였던 만큼 무사시노미술학교에서 행한 그의 수업도 그러했을 것이라고 본다고 했다. 강연에 참석한 무사시노미술대학 교수들은 이에 이의 없이 수긍했다. 성별을 가리지 않고 예술인으로서 인격이 존중받는 가운데 대화를 통해 이루어지는 이런 수평적 교수법이 소위 부르델 예맥의 가장 큰 특징이라는 데 공감을 표했다.

이러한 예풍藝風이 권진규로 하여금 여인을 말에 태운 것은 아니었을까. 도모를 자신의 등에 태우고 세상으로 나아가고자 한 것은 아니었을까.

3. 반세기 후 〈기사〉는 서울로 들어왔다

도쿄에서의 권진규는 궁핍했으나 외롭지 않았다. 연인뿐 아니라 후원자도 있었다. 무사시노미술학교 이사장 다나카 세이지田中誠治는 1953년 이과전에서 특대의 상을 받은 〈기사〉, 〈마두 B〉, 그리고 〈뱀〉(사진 10) 석 점을 사 주었다. 권진규에게는 빈집에 소가 들어온 격이었다.

(사진 10) 〈뱀〉, 1953년, 안산암, 50.0×27.0×21.0cm. 권경숙 기증. 서울시립미술관 소장.

그로부터 많은 시간이 훌쩍 지나 2005년이 되었다. 오빠가 떠난 후 오빠 작품들을 오빠의 자식처럼 소중히 간직해 오던 권진규의 누이 경숙은 여러 해 동안 수소문한 끝에 일본에 있는 오빠의 작품들을 찾으러 간다. 무사시노미술학교 이사장 다나카 세이지는 이미 고인이 된 때였다. 다행히 그의 따님 다나카 마스미田中眞澄와 연락이 닿았고 그의 자택 뜰에서 자신을 기다리고 있던 오빠의 작품들과 만날 수 있었다. 그리고 후원자 따님의 호의로 작품을 양도받아 서울로 가져올 수 있었다. 〈기사〉는 그렇게 작가의 품으로 다시 돌아오게 되었다. 반세기만의 일이었다.

여름 마당

〈춤추는 뱃사람〉,
검푸른 시대를 헤쳐감

1. '탈바꿈'에 성공했으나 여름이 너무 짧았다

  권진규의 봄 마당은 그렇게 지나갔다. 〈도모〉와 함께 사랑을 나누었고 〈기사〉와 함께 신진작가로서 성공적인 첫발을 내디뎠다. 그의 여름 마당에서는 어떤 이야기가 펼쳐졌을까. 〈춤추는 뱃사람〉, 〈지원의 얼굴〉 그리고 〈재회〉를 차례차례 만나 보기로 하자.

  낙원이라고 한다. 파라다이스라고 한다. 설령 살아 보지는 못한다고 하더라도 누구나 한 번쯤은 꼭 가보고 싶은 곳, 반나절이라도 머물고 싶은 곳이 아닌가. 어떤 곳일까, 그곳은. 아마도 갈등이 없는 곳, 싸움이 없는 곳 아닐까. 갈등이, 싸움이 있더라도 폭력은 없는 곳 아닐까. 글쎄, 사람 사는 세상에 그런 곳이 있을까. 아마 없을 것이다. 나이 칠십 문턱에 이르기까지 그런 곳 이야기는 들어 보지 못했다.

오늘 우리네 젊은 MZ세대는 불공정에 분노하고 있다. 힘 있는 사람들의 자식들이 쓰는 너저분한 아빠 찬스, 엄마 찬스 앞에서 많은 젊은이가 좌절하고 있다. 지금은 기득권을 누리고 있지만 젊은 날 586세대는 살육으로 탈취한 독재 권력에 맞서 맨주먹으로 싸워야 했고 노후를 맞고 있는 베이비붐 세대는 물려받은 세계 최악의 빈곤을 맨손으로 이겨내야 했다.

권진규는 그 앞 세대에 살았던 인물이다. 생존해 있다면 100세 즈음을 헤아리는 분들이 동년배이다. 어느 폭력인들 아프지 않은 것이 있을까마는 그들이 겪어야 했던 폭력은 차원이 다르고 강도도 달랐다. 아마도 당대 지구상에서 볼 수 있었던 각종 최악의 폭력이 두루 망라되지 않았을까. 그들은 나라조차 없는 때에 2등 국민으로 태어났다. 나라말도 마음대로 못 쓰며 어릴 때부터 불공정·독재·빈곤 등 종합 폭력 세트를 운명으로 알고 자랐다. 20-30대의 한창때엔 급기야 눈앞의 동포를 죽여야 목숨을 보전할 수 있는 전쟁까지 최전선에서 치러내야 했다.

거기에 그치지 않았다. 나라는 독립을 얻었고 전쟁이 끝났지만 어릴 때부터 껌딱지처럼 붙어 있던 폭력은 좀처럼 그들에게서 떨어질 줄 몰랐다. 불공정과 독재와 빈곤이 저마다 스멀스멀 일상 곳곳을 누비고 비비대며 가정을 이룬 그들의 삶을 갉아먹었다. 정치 깡패들과 결탁한 국가 권력은 권력자의 이권에 봉사하고 종종 선량한 국민의 재산과 생명을 해치는 폭력이 되었다. 군 출신들에 의해 전유된 국가 권력은 국민을 보릿고개로부터 구하고 산업을 일으켰으나 국민의 언로를 봉쇄하고 인간 존엄을 꺾는 폭력이 되었다.

권진규가 귀국해 서울살이를 시작한 1959년 여름부터 세상을 떠난 1973년 봄까지 13년 남짓의 시기는 한창 그런 때였다. 그런 곳, 그런 시대였는데 권진규는 왜 돌아왔을까. 일본에서 공부하고 그곳에서 유망한 신진작가로 나름 인정받고 있었던 만큼 그냥 일본에 있었던 것이 생활인으로서도 또한 예술인으로서도 보다 좋지 않았을까. 국적이 걸림돌이 된다면 귀화도 하고. 그러면 일본 대학에서 상근 일자리도 얻고 예술적 행보도 탄탄했을 텐데 그는 왜 한국으로 들어왔을까.

아버지가 세상을 떠나시고 어머니가 홀로 남으셨기에, 곁에서 모시며 자식 된 도리를 다하기 위해서였

나. 흔히 그리 알려져 있다. 그러나 미술평론가 최열은 달리 본다.

훗날 권진규는 일본에서 돌아오던 때의 심정을 이렇게 토로하고 있다.

> "무사시노의 스승이며, 로댕 정통을 그의 제자 부르델에게서 물려받은 시미즈 다카시 선생 아래서 8년 동안 수학하다가 탈바꿈의 내적 요청 때문에 귀국했습니다."[1]

최열은 여기에 권진규가 귀국한 진짜 이유가 있다고 본다. 이렇게 설명한다.

> "일본에서 권진규의 미래는 시미즈의 그늘 아래였을 것이다. 그러므로 이국 파리에서 조국 도쿄로 귀국해 성공한 시미즈처럼 이국 도쿄에서 조국 서울로 귀환함으로써 성공에 도전하고자 했던 것이다."[2]

이에 깊이 공감한다. 제아무리 현란하게 꿈틀댈 줄 알아도 굼벵이는 굼벵이다. 그 생활 8년이면 족하다. 한여름 우거진 숲속에서 짧든 길든 완성된 존재, 성충의 삶을 노래하는 매미이고자 한다면 이제 그만 '탈바꿈'을 해야 한다. 도쿄를 떠나 서울로 돌아가는 거다. 자식 된 도리도 도리였으나, 아니 그보다 날개를 달고 창공을 날자면 아무래도 그래야 했다. 문제가 있었다.

때는 한일 간 국교가 정상화되기 이전이었다. 도모와 동반 귀국이 허락되지 않았다. 같이 도쿄에 남든가 아니면 서로 떨어져 살아야 했다.

권진규의 내면에 갈등이 일었다. 연인을 둔 생활인 권진규와 자기류自己流를 꿈꾸는 예술인 권진규가 갈등했다. 도모를 한없이 사랑한다. 헤어져 살 수 없다. 하지만 굼벵이로만 살다가 갈 수는 없다. 더 이상 늦출 수 없다. 그런 속내를 도모에게 말했다. 다짐했다. 멋진 날개를 달고 찾으러 오겠다고.

도모는 그의 가슴 깊은 곳에서 일고 있는 절절한 염원을 보았다. 조용히 동의했다. 둘은 오랜 동거 관계를 청산하기로 했다. 네리마 구청에 가서 그동안 이런저런 이유로 미루어 왔던 혼인 신고서를 제출했다. 짧은 혼인 생활을 뒤로하고 한 달 후 그들은 헤어졌다. 아내 도모는 남편을 하네다 국제공항까지 편한 얼굴로 잔잔한 미소와 함께 배웅해 주었다(사진 1).

그렇게 권진규의 귀국 비행은 조각가로 홀로 서기 위해 결행한 예술적 '탈바꿈'의 의식이었다. 다른 한편 그것은 남편의 결연한 선택을 아내가 아픈 가슴을 안고 축복해 준, 슬픈 이별이었다.

그렇게 그는 돌아왔다. 그러나 김포공항에 내려 8년 만에 마시는 서울의 공기는 도쿄와 사뭇 달랐다.

(사진 1) 귀국일 하네다 국제공항 레스토랑에서 도모와 함께, 1959년.

극명하게 대비되었다. 어제까지 살았던 도쿄는 제국의 광기를 뿌려대던 폭우가 멎고 파란 하늘을 드러내고 있었다. 이제부터 살아갈 서울은 독재의 먹구름이 잔뜩 끼어 있었다. 헐벗은 국민에게 비추는 따뜻한 햇볕까지 가리고 있었다. 생활 여건만 열악한 것이 아니었다. 그가 데뷔해 입지를 찾아가야 할 예술계는 참으로 가관이었다. 최열의 표현을 빌리면 '난장'이었다.

> "(권진규 귀국 당시 한국의) 미술계 사정은 (이승만 정권 아래 정치적 혼란보다) 훨씬 나쁜 상태였다. 대한미술협회와 한국미술협회가 대한민국예술원 및 대한민국미술전람회를 둘러싸고 권력투쟁을 펼치고 있었으며 여러 단체는 물론 미술대학조차 휩쓸려 대립과 갈등을 드러내고 있었다. 미술시장은 혼란스러웠고 미술가들은 출신 학교와 문하를 따져 가며 상대를 배척하기에 여념이 없었다. 전쟁 직후 대학을 졸업한 신예들조차 권력을 다투는 암투에 뛰어들면서 그야말로 미술계는 난장 지경이었다."³

그런 난장 어딘가에 끼어들자고 돌아온 것이 아니었다. 진영의 전사가 되고 입신양명하자고 들어온 것이 아니었다. 권진규는 유력인에 줄을 대기는커녕 예전에 맺었던 작은 인연의 끈마저 탁 놓아버렸다. 아버지가 남긴 유산을 탈탈 털어 성북구 동선동 언덕바지에 아틀리에를 손수 짓고 작업에 몰두했다.

주 소득원은 학교에 나가 받는 강사비였다. 1960
년부터 1973년 세상을 떠날 때까지 서울대학교 공과
대학에 시간강사로 나가면서 3학년 선택 과목『조소』
(주 3시간)를 맡았다. 1963년부터 3년간은 덕성여자
대학교 의상과와 생활미술과의 조교수로 취임하여
데생 실기를 가르쳤다. 조교수였다 해서 상근인 것은
아니었다. 실상은 대학에서 의상과의 문교부(교육부
의 당시 명칭) 인가를 얻는 데 도쿄에서 대학을 나온
그의 학력이 석사로 부풀려져 이용된 것이었다. 1966
년부터 3년간은 홍익대학교 미술학부 조각과의 시간
강사로 재임하며『조각』을 맡아 가르쳤다.[4]

간간이 아르바이트도 했다. 도쿄 시절 아르바이트
로 했던 영화사 소품 제작의 경험을 살려 영화《성웅
이순신》의 해전에 출전하는 거북선과 전함의 모형을
제작했다(사진 2).[5] 인형극《홍부와 놀부》에 나오는
인물들과 집, 박 등의 모형을 제작했으며《콩쥐 팥쥐》
에 등장하는 소품들도 제작했다.[6] 영화 촬영은 누이
경숙네가 사는 정릉 집 뒤 텃밭으로 쓰던 곳에 지어진
스튜디오에서 이루어졌다. 자연히 누이 경숙네를 찾
는 발걸음이 잦았다. 들른 김에 누이네 현관 거실 벽
에 석고로 부조〈십장생〉을 제작하고 종이에 묵으로

（사진 2) 동아일보가 1962년 3월 29일 「『인조』풀에 모형군선」이라는 제하로 보도하였다. 기사 내용은 주 5에 담음.

(사진 3) 정릉동 누이 경숙네에서 조카들과 함께, 1962년. 가운데 외삼촌 권진규의 무릎 위에 앉은 아이가 필자.

그린 〈게〉도 남겼다.

사람들과의 사귐이 모두 엉망인 것은 아니었다. 선별적이었을 뿐이다. 사회적 사교에는 서툴렀으나 아이들과는 그런대로 잘 어울렸다. 사근사근하지 않았지만 그렇다고 깐깐하지도 않았다. 당시 동년배 어른들과 달리 그는 아이들을 살필 줄 알았다. 배려하고 존중할 줄 알았다. 조카들은 외삼촌을 따랐고 외삼촌은 그들과 즐거운 한때를 보냈다(사진 3).

그렇게 13년여를 살았다. 말년에 그는 지난날을 돌아보며 '성공'을 말했다. "결국 시미즈 선생의 영향을 극복하여 저 나름의 성공을 거둔 것으로 자부하고 있습니다."[7]라고 자평했다. 그랬다. '탈바꿈'하며 산 서울살이는 고독한 자기류 예술가로서의 시간이었다.

그러나 세월은 무심했다. 권진규의 시간이 빛을 보기까지는 세월이 더 필요했다. 결국 그는 그때까지 버티지 못하고 회한과 좌절에 빠져들어 갔다.

"예술가는 이해해 주는 곳으로 가야 하나 봅니다. 될 수만 있다면 조국에 있고 싶습니다. 조국 화단의 몰이해로 창작 활동이 막다른 골목에 부딪쳤음을 깨달은 적이 한두 번이 아닙니다."[8]

1971년 12월 명동화랑 초대전으로 개최된 《권진

규》전을 앞두고 마지막 불꽃을 태우면서 그는 그렇게 막막한 자신의 처지를 털어놓았다.

2. 〈춤추는 뱃사람〉은 왜 춤을 추고 있는 걸까

권진규의 서울살이는 고된 나날의 연속이었다. 생활인으로도 그랬고 예술인으로도 그랬다. 그러나 워낙 자존심이 센 성품인지라 그는 가지 않은 길을 뒤돌아보지 않았다. 끝까지 자신의 선택에 충실했다. 누구에게도 허리를 굽혀가며 구차한 도움을 호소하지 않았다. 그저 있는 힘을 다해 진력했고 마지막 한 방울 힘이 소진되자 훌쩍 떠났다.

1965년 작 부조 〈춤추는 뱃사람〉은 그런 그의 서울살이를 한 장면으로 압축해 보여 주고 있다. 이 작품과 나란히 두고 함께 보아야 할 부조가 하나 더 있다. 한 해 전 제작된 〈두 사람〉(사진 4)이다. 이 둘은 그의 삶을 그린 연작시와 같은 작품이다.

권진규 작품에는 인물이 여럿 재현된 군상은 없다. 대부분이 한 인물의 두상, 흉상, 전신상이다. 〈두 사람〉에는 두 사람이 있다. 왼쪽 사람은 주름이 있는 드레스를 입은 것으로 보아 여인이다. 오른쪽 사람은 보

〈사진 4〉〈두 사람〉, 1964년, 테라코타, 70.0×97.0×7.7cm. 개인 소장.

다 큰 두상으로 보아 남성이다. 둘은 매우 친밀한 관계이다. 머리를 함께 두른 팔은 하나로 포개어 있고 오른편으로 죽 편 팔의 두 손은 마주 잡고 있다. 그렇게 그들은 춤을 추고 있다. 그 뒤편에 보이는 몸통 아래 형체는 또 다른 두 사람으로 보인다. 같은 무대에서 춤추고 있는 다른 커플이리라.

무대가 언제일까. 두 사람 뒤편으로 수많은 빗살 무늬가 섬세하게 배경을 가득 채우고 있다. 일정한 방향성 없이 이리저리 나 있다. 마치 꽃샘바람에 봄비가 흩뿌려지고 있는 것 같은 모습이다. 사랑하는 두 사람은 봄을 무대로 청춘의 불안을 품에 안고 춤을 추고 있다. 그들은 입맞춤으로 포옹하고 있지 않다. 맞닿은 정수리로 한 몸을 이루고 있다. 머리 꼭대기 숫구멍을 통해 서로 숨을 나누고 서로의 혼을 만나고 있다. 〈두 사람〉의 두 사람은 연인이자 소울메이트이다.

1964년 봄, 권진규는 일본에 있는 아내 도모 친정으로부터 편지 한 통을 받았다. 곧 데리러 오겠다고 한 사람이 5년이 가까워 오도록 별 소식이 없자 장인이 이혼 서류를 챙겨서 보낸 것이었다. 권진규는 말없이 서류에 날인하고 송부하였다. 그리고 〈두 사람〉을 제작하였다. 아마도 도모를 생각하면서, 그와 함께한 지난날을 회상하면서 만든 것이리라.

그렇게 도모와 함께한 봄날은 갔다. 권진규는 그 봄날을 담은 〈두 사람〉과 함께 자신의 봄날을 떠나보냈다. 이듬해 그는 〈춤추는 뱃사람〉(사진 5)을 제작했다. 거기에 장차 살아갈 자신의 여름, 가을, 겨울을 응집해 담았다.

〈두 사람〉과 〈춤추는 뱃사람〉은 배경 색부터 대조를 보인다. 〈두 사람〉은 황금빛이고 〈춤추는 뱃사람〉은 검은 회색조이다. 봄볕은 사라지고 한여름 밤에 하늘이 터진 듯 사나운 장대비가 난장을 치며 들이닥친 것이었다. 하늘이 뚫린 듯 멈출 줄 몰랐다. 강이 범람하고 도시 전체가 물에 잠겼다. 살자면 배를 띄워야 했다. 그는 배에 올라탔다. 배 위에 올랐으니 균형을 잡아야 한다. 그래야 배가 뒤집히지 아니하고 물길을 헤쳐갈 수 있다.

사공은 배의 균형을 잡기 위해, 물살을 헤치고 나아가기 위해 노질을 한다. 하지만 그는 얼떨결에 배에 올랐을 뿐이다. 노질을 전혀 할 줄 모른다. 아니 그가 오른 배에는 아예 노조차 없다. 그래도 살자면 균형을 잡아야 한다. 검은 물길을 헤쳐가야 한다. 구호의 손길은 없다. 혼자 힘으로 헤쳐가야 한다. 그에게 있는 건 오직 예인藝人의 나력裸力뿐이다. 어려서부터 춤을 좋아했고 학교에 들어가 훌륭한 스승으로부터 정신

(사진 5) 〈춤추는 뱃사람〉, 1965년, 테라코타, 58.0×79.0×7.0cm. 개인 소장.

과 기예도 전수 받았다. 춤 솜씨라면 믿어도 된다. 이런 날을 대비해 춤은 매일 일상적으로 닦아 왔다. 노가 없어도 된다. 아니 노질보다 춤사위가 더 믿을 만하다. 그저 근육이 기억하는 대로 추면 된다. 그는 두 어깨, 두 팔, 두 다리로 능숙하게 춤을 추기 시작했다. 균형을 잡고 두 발을 번갈아 구르며 추진력을 얻어 나아갔다.

3. 누이는 아끼고 아꼈던 〈춤추는 뱃사람〉을 선물했다

〈춤추는 뱃사람〉은 우리에게 그러한 이야기를 들려 준다. 뱃사람은 아마도 권진규 자신일 것이다. 검은 회색 바탕색은 거친 폭력의 시대, 암투가 난무하는 난장의 세상일 것이다. 노가 없음은 그에게 변변한 생계 수단이 없었음을 말해 준다. 춤사위는 그가 스스로 가졌다고 믿은 유일한 보유 자산, 즉 예술 정신과 기예일 것이다. 누군가의 계시를 받은 것처럼 그는 자신의 서울살이를 한 폭의 부조 작품에 담았다. 이후 8년을 그는 그렇게 살다 갔다.

그의 사후, 누이는 〈춤추는 뱃사람〉을 유독 소중히 간직했다. 그 작품은 세상을 떠날 때까지 옆에 두고

싶어 했다. 왜 그런지는 여쭈어보지 않았다. 특별히
소중한 어떤 느낌을 갖고 있는 것인지 모른다. 누구에
게도 털어놓고 싶지 않은, 혼자서만 간직하고 싶은 그
만의 예쁜 비밀일 수도 있다. 그러다가 2015년 12월
춘천시 동면에 권진규미술관이 임시 개관되자 미술
관 측에 감사의 표시로 기증하였다.

그러나 동행의 연이 아직 다하지 않았던 모양이다.
춘천 권진규미술관을 임시 개관했던 지역 기업인은
4년 후 미술관 전시실의 문을 닫아걸고 양도 및 기증
받은 권진규 작품들을 빼돌렸다. 그 작품들이 어떤 작
품인데. 하늘이 무너지지 않는 한, 그럴 수는 없었다.
누이 경숙과 그의 아들 허경회는 되찾아오기 위해 인
생을 걸었다. 소송 이외에 달리 방도가 없었다. 그런
데 소송이라는 게 그저 소송대리인에게 맡기면 되는
것이 아니었다. 당사자의 삶을 송두리째 흡입해 가는
것이 쟁송이었다. 끝날 때까지 다른 일은 아무것도 할
수 없었다. 가진 모든 것을 올인, 다 쏟아부었고 천신
만고 끝에 모두 되찾아왔다. 〈춤추는 뱃사람〉도 함께
돌아왔다.

넷

⟨지원의 얼굴⟩,
우담바라 꽃 세 송이를 빚음

1. 그는 왜 여인상을 많이 만들었을까

1997년 권진규 사후 24년, 삼성문화재단은 『한국의 미술가 권진규』를 펴낸다. 권진규 전 생애의 작품을 전체적으로 조망하고 소개한 첫 도록이다. 당시 환기미술관 관장 오광수, 서울대학교 교수 김영나, 한국미술연구소 소장 홍선표가 자문하고 예술의 전당 전시본부장 유준상, 이화여자대학교 교수 윤난지, 국립현대미술관 학예연구사 최태만이 집필하였다. 조소·조각·부조 작품 126점을 수록하고 있다. 그 가운데 여인상이 52점이다. 비구니까지 헤아리자면 55점이다.

두 번째 전체 작품 도록은 2009년에 나온다. 도쿄 국립근대미술관·무사시노미술대학미술자료도서관·한국 국립현대미술관이 도쿄와 서울에서 《권진규 전》을 개최하면서 펴낸 도록이다. 수록 작품 수는 139점이다. 조소·조각·부조 작품은 101점이고 그 가운데 여인상이 43점이다. 비구니까지 헤아리자면 47점이다.

두 도록에서 비구니를 제외한 순수 여인상만 추려도 전체 조형 작품의 40퍼센트를 넘는다. 매우 많다. 왜 이렇게 많을까.

호안 미로Joan Miro 1893-1983, 살바도르 달리Salvador Dali 1904-1989, 마르크 샤갈Marc Chagall 1887-1985 등은 공간은 달랐으나 권진규와 동시대에 살았던 대가들이다. 권진규보다 일찍 태어나 더 오래 활동했다. 미로는 별이나 해를 괴이한 기호로 혹은 생물로 그렸다. 달리는 엿가락처럼 녹아내리는 시계를 그렸다. 샤갈은 날아다니는 사람을 그렸다. 주로 천 위에 붓과 물감으로 그렸다.

그렇게 세계 미술계에는 초현실주의가 풍미하고 추상이 뉴 트렌드로 떠오른 시기였다. 그러나 권진규의 자기류는 그러한 무의식 혹은 몽환·환원의 세계

가 아니었다. 그는 리얼리즘의 신봉자였으며 근대 구
상 조각의 예맥을 외길로 알고 충실히 이어가는 사람
이었다. 그의 주의를 끈 것은 당연히 현실 속 존재였
다. 맑은 의식의 눈으로 볼 수 있고 밝은 귀로 들을 수
있고 다감한 손으로 만져지는, 설사 그렇지 않더라도
통찰이나 믿음을 통해서 만날 수 있는 그런 존재였다.
소망하고 염원하고 꿈을 꾸더라도 땅에 두 발을 딛고
서 있으며 일상에서 만날 수 있는 존재였다. 그런 현
실 속 존재가 그의 관심사였다. 그런 존재를 대상으로
하여 그는 돌과 나무를 깎아서, 진흙으로 빚고 구워
서, 삼베로 붙이고 옻칠을 해서 조형화했다.

　그런 만큼 그의 작품 활동에는 대상이 되어 줄 모델
이 필수 요소였다. 사물이든 동물이든 사람이든 모델
이 되어 줄 형체를 구해야 했다. 물론 예술가로서 입
지를 다진 처지이고 지급할 돈이 있는 경우라면 전혀
어려운 일이 아니다. 그러나 그는 그럴 형편이 못 되
었다.

　1965년 9월 서울 신문회관(지금의 한국프레스센
터)에서는 《권진규 조각전》(사진 1 / 2)이 열렸다. 그
가 '탈바꿈'을 입 밖에 낸 지 6년 만의 일이었다. 조각
으로서는 우리나라 최초의 개인전이 아니었을까. 어
쨌든 깜짝 놀랄 일이 아닐 수 없었다. 자타가 공인하

(사진 1) 신문회관 《권진규 조각전》 포스터, 1965년.

(사진 2) 신문회관 《권진규 조각전》 전시회 준비를 둘러보고 있는 권진규, 1965년.
한가운데 정장 차림을 하고 있는 이.

는 실력에 권력도 있는 대학의 조각과 교수들도 못한 개인전을 속칭 보따리장수, 시간강사가 하게 된 것이었다. 전시에 테라코타, 부조, 브론즈 등의 작품 45점이 출품되었다. 그 가운데는 〈해신〉(사진 3)도 있었고 〈곡마단〉(사진 4)[1]도 있었다.

〈해신〉과 〈곡마단〉 두 작품은 작년과 올해 많은 관람자의 눈길을 끌었거나 끌고 있는 작품이다. 국립현대미술관은 국보급 한국 미술품을 모아 지난해 덕수궁관에서 《DNA: 한국미술 어제와 오늘》2021. 7. 8-10. 10을 열었다. 〈해신〉은 그 전시에 권진규의 다른 두 작품, 〈불상〉, 〈십자가 위 그리스도〉와 함께 전시되었다. 국립현대미술관은 서울관에서 2022년 2월 현재 《MMCA 이건희컬렉션 특별전: 한국미술명작》2021. 7. 21-2022. 3. 13을 열고 있다. 〈곡마단〉은 권진규의 다른 작품 다섯 점, 〈손〉, 〈자소상〉, 〈코메디〉, 〈문〉, 〈작품 4〉와 함께 전시되고 있다.

그러나 1965년 《권진규 조각전》에 대한 평판은 차가웠다. 새로운 재료로 추상을 추구하는 뉴 트렌드를 쫓아가기 바빴던 한국 미술계의 눈에 그의 전시는 구닥다리 조각 모음전이었다. 언론은 연줄을 댈 줄 모르고 라인을 탈 줄 모르는 작가의 전시를 소개할 만큼 눈치 없지 않았다. 작품 한 점 팔리지 않는 것은 어쩌

〈사진 3〉 〈해신〉, 1963년, 테라코타, 46.5×61.5×20.5cm. 개인 소장.

〈사진 4〉〈곡마단〉, 1971년경, 건칠에 채색, 90.0×90.0×3.0cm. 국립현대미술관 소장.

면 당연한 귀결이었다.

그렇게 권진규는 조각가로서 예술적, 사회적 입지를 구축하지 못하고 있었다. 시간강사 출강비로 겨우 생계를 꾸려가던 처지였으므로 모델 비용을 조달한다는 것은 언감생심이었다. 그래도 시간강사 자리가 그에겐 생명줄이었다. 시간강사 자리는 그에게 젊은 학생들을 만날 수 있게 해 주었다. 미술대학에 여학생이 대다수였던 시절이다. 자연히 그는 20대 초반의 젊은 여성들과 교류를 이어갈 수 있었다. 상생 관계가 성립되었다. 그는 학교에서, 동선동 아틀리에에서 조소를 가르쳐 주었고 제자들은 기꺼이 모델이 되어 주었다.

1965년 《권진규 조각전》을 열기 한두 해 전부터 1960년대 말 무렵의 시기는 조각가 권진규가 가장 왕성하게 창작열을 불태우던 시기였다. "한국에는, 아니 일본에서도 지방에 가면 모델이 없기 때문에 조각가들은 어려움을 겪던"[2] 시절이었다. 그 시기, 그 시절에 학교에서 직접 수업을 듣는 제자와 제자의 친구들이 권진규와 함께해 주었다. 명자, 선자, 순아, 경자, 형자, 혜정, 예선, 상경, 정제, 소춘 등등 그들이 없었다면 우리가 아는 권진규와 그의 작품들은 없었다. 그들은 사회적 외톨이 권진규와 시간을 함께했고 모델이 되어 그의 작품 활동이 작동할 수 있게 해 주었다. 그들에게 깊이 감사해야 한다. 또한 집안일을 맡아 해 준 영희에게는 특별히 감사해야 한다. 영희는 모델이 되어 주기도 했다.

2. 〈지원의 얼굴〉은 스카프를 두른 비구니였을까

장지원은 제자 가운데 한 사람이었다. 1967년 권진규는 그를 모델로 〈지원의 얼굴〉(사진 5) 석 점을 만들었다. 다음 해 일본 니혼바시 화랑日本橋畫廊 전시를 앞두고 혼신의 힘을 기울여 만든 역작이며 그의 회심會心 의 작품이기도 하다. 현재 국립현대미술관이 한 점, 개인이 두 점 소장하고 있다. 그의 작품 가운데 가장 유명한 작품으로 일찍이 우리나라 초·중등 미술 교과서에 수록되면서 많이 알려지게 되었다.

1968년 7월 일본 도쿄 니혼바시 화랑에서 열린 권진규 전에 출품된 총 30점 가운데 10점의 인물 흉상이 『요미우리신문讀賣新聞』의 눈길을 끌었다. 호평하는 논조로 다음 두 가지를 언급했다. 서술의 편의상 문장마다 차례로 ①, ②, ③, ④의 전각 기호를 붙이고 밑줄을 치기로 한다.

"①단순한 초상이 아니라 형태를 극단으로 단순화하여 얼굴 하나 속에 무서울 정도의 긴장감이 감돌고 있으며 ②중세 이전의 종교상을 보는 것과도 같은 극적인 감정이 고조되어 있다."

"③목에서 가슴에 이르는 요약된 형상은 현대 이탈리아의 대표 작가 지아코모 만주Giacomo Manzù 1908-1991의 영향이 엿보인다. 또한 둥글게 깎은 머리와 높은 코, 큰 눈을 다룬 점은 메소포타미아Mesopotamia를 인류 최고의 문명으로 이끈 수메르인Sumer人의 원초적인 초상 조각 냄새가 풍긴다. ④이들 작품에 유럽의 영향이 있긴 해도 구워낸 흙에서 대지의 생명이 지닌 솔직함과 순박, 동시에 세찬 생동감이 보이는 작가의 조형 자세, 풍토는 아무리 보아도 동양의 그것이라 할 수 있겠다."[3]

①과 ②에서는 얼굴 부분에 대한 평을 하고 있다. 평자는 〈지원의 얼굴〉 초상에서 무서울 정도의 긴장감을 본다고 했으며 이를 서구 중세 종교상과 연결시키고 있다. 권진규 인물상의 종교화, 신비화神祕化가 시작되는 시점始點이다. 이러한 시각은 ③의 참조를 통해 강화된다. 평자는 〈지원의 얼굴〉을 보면서 현대 이탈리아 조각가 지아코모 만주의 작품을 은연중 떠올린 것이다. 만주는 현대에 종교상, 특히 로마 추

〈사진 5〉〈지원의 얼굴〉, 1967년, 테라코타, 50.0×32.0×23.0cm. 국립현대미술관 소장.

기경을 조형한 작품을 많이 남긴 조각가이다. 그 가운데 하나, 〈의자에 앉은 추기경Cardinale Seduto〉을 보자. 1964년경 제작된 작품인데 위키아트WikiArt에 들어가면 그 이미지를 볼 수 있다.[4]

〈지원의 얼굴〉에서 보듯이 목 아래에서 가슴에 이르는 부분에 과감한 생략이 돋보인다. 다소 두꺼운 외투를 걸쳤다는 부분도 닮았다.

서울 동선동 아틀리에에서 홀로 작업에만 몰두하고 있던 권진규가 만주의 작품에 접하고 있었는지 여부는 알 길이 없다. 그의 입을 통해서는 들은 바도 없고 아틀리에에 만주와 관련된 잡지 등 문서도 없으나 그래도 남몰래 만주의 작품에서 기법을 취하거나 영감을 받은 것은 없는지 살펴봄이 마땅한 일이겠다. 그런 차원에서 만주의 다른 작품 하나를 더 보자.

1966년 조각가 만주가 여인 흉상을 만들고 있는 모습을 본다(사진 6). 아마도 브론즈 작품일 것이고 〈지원의 얼굴〉보다 몇 달 앞서 제작된 것으로 보인다. 머리끝에서 목 아랫부분까지를 보자. 〈의자에 앉은 추기경〉과 달리 이 여인 흉상은 긴 목을 가지고 있다. 또한 스카프로 머리를 단아하게 감싸 안고 있다. 전체적으로 〈지원의 얼굴〉과 크게 다르지 않다.

아마도 평자는 그러한 점들을 떠올리며 권진규의

(사진 6) 자신의 여인상과 포즈를 취하고 있는 지아코모 만주,
1966년. Photo by Giorgio Lotti/Archivio Giorgio Lotti/
Mondadori via Getty Images.

흉상에 대한 만주의 영향력을 조심스럽게 짚었던 것
같다. 그러나 그러한 판단은 서로 교류가 활발했던 관
계가 확인된 상태에서 따져 보아야 공정한 일이 아닐
까 싶다. 고려 후기 1377년 제작된『직지심체요절直指
心體要節』이『구텐베르크 42행 성서42-line Gutenberg Bible』
보다 78년 앞섰다는 사실만으로 영향을 주었다고 할
수는 없지 않겠는가.

　게다가〈지원의 얼굴〉에는 만주의 작품들과 확연
하게 다른 요소들이 있다. 이로 인해〈지원의 얼굴〉이
〈지원의 얼굴〉이 되는 그런 독창적 요소들이다. 이에
대해서는 뒤에 기술하기로 하자. 어쨌든 다행히『요미
우리신문』의 평자도 결론 부분(기사 밑줄 그은 부분
④)에 이르러서 자신이 언급했던 기시감旣視感을 거두
고 권진규 특유의 조형 자세 및 작품 기반을 확인하고
있다.

　그로부터 30년이 흐른 1997년〈지원의 얼굴〉은
『한국의 미술가 권진규』도록의 표지 작품으로 등장
한다. 당시 국립현대미술관 학예연구사 최태만은 책
에서 작품을 이렇게 소개한다. 아마도 한국 최초의
〈지원의 얼굴〉해설이 아닌가 싶다.

　"마치 만주의〈추기경〉이란 작품에서 볼 수 있는 것처럼 어깨를 두툼한 외투로 감싼 듯이 표현했음에도 목으로부터 이어지는 어깨선을 급격한 사선으로 처리함으로써 형태상의 시각적 긴장감을 더욱 고조시킨다. 거꾸로 세워놓은 깔때기 모양의 어깨에서 연결된 목은 다시 앞으로 기울어져 있기 때문에 턱을 앞으로 내밀고 있는 듯한 불안한 형태를 보인다. 게다가 머플러로 머리를 감싸게 한 점이 그의 자소상에서 발견되는 영혼의 소리를 들으려는 듯한 구도적 자세와 이 작품과의 연관성을 찾게 만드는 요인이다."[5]

크게 보아 앞서 살펴본 『요미우리신문』에 실린 평과 궤를 같이하고 있다. 다만 한 가지, 『요미우리신문』평자가 주관적 인상인 '얼굴 속에 감도는 무서울 정도의 긴장감'을 들어 서구 중세 종교상을 연상시켰던 것과 달리 객관적 근거에 바탕하고 있다. '머플러로 머리를 감싸게 한 점이 그의 자소상에서 발견되는 영혼의 소리를 들으려는 듯한 구도적 자세'를 보게 한다는 것이다.

그로부터 다시 10여 년 후, 권진규는 일본과 한국에서 크게 재평가를 받게 된다. 그를 키워 낸 무사시노미술대학이 2009년 개교 80주년을 맞아 그를 무사시노미술대학 졸업생 가운데 '가장 예술적으로 성공한 작가'로 선정하면서 2009년 10월 초부터 2010년

2월 말까지 두 해에 걸쳐 일본 도쿄와 우리나라 국립현대미술관 덕수궁관에서 《권진규전》이 연속으로 열렸다. 이때 〈지원의 얼굴〉이 새로운 평을 맞는다. 당시 도쿄국립근대미술관 부관장 마츠모토 도오루의 평이다.

"(권진규 작품) 대부분의 자소상의 머리는 승려와 같이 머리를 깎고 있으며, 여인 흉상 중에는 삭발한 것이나 머리에 스카프를 쓰고 있는 것이 많다. 후자의 경우, 스카프가 귀나 목까지 덮고 있으며 외부에 드러나는 부분은 (가면처럼) 얼굴뿐이다. 또한, 〈지원의 얼굴〉이나 〈자소상〉은 목이 기형적으로 길고 상의를 입은 어깨선은 극단적으로 변형되어 전체적으로 예각의 피라미드상의 포름을 형성하고 있다. 신체 부위의 철저한 생략과 변형에 의해 보는 이는 똑바로 여인상들의 얼굴과 마주 보게 된다. 아니, 마주 볼 수밖에 없다. 중심선을 중심으로 엄격한 좌우 대칭 구조를 보이고 있으며 정면성이 대단히 강하지만, 그것은 정면에서 보았을 때의 흉상의 특징이다."[6]

큐레이터 출신답게 그는 작품의 기법과 구조의 특징을 잘 서술해 주고 있다. 앞 두 개의 평과 크게 다르지 않다. 그런데 앞의 평들과 달리 그는 〈지원의 얼굴〉에서 '종교화'나 '구도하는 자세' 등을 말하지 않는다. 어찌된 일인가. 〈지원의 얼굴〉이 그에게는 구도하는 여인상이 아니란 말인가.

예술 작품을 기존의 시각과 달리 보는 것은 금지된 일이 아니다. 오히려 권장되어야 하며 또한 반길 일이다. 그만큼 해당 작품이 품은 바가 풍부하다는 반증이며 그로 인해 세상을 보는 눈이 다면화·다각화될 수 있는 것이기 때문이다.

물론 권진규 작품에는 〈비구니〉, 〈자소상〉, 〈불상〉 등 종교, 특히 불교와 떼어 놓고 읽을 수 없는 작품들이 많이 있다. 그렇다고 다른 작품들도 구도하는 자세나 신비한 느낌 등을 입혀서 천편일률적으로 종교화 혹은 신비화할 일은 아니라고 본다. 특히 〈지원의 얼굴〉의 경우 다른 시각으로 볼 소지가 뚜렷하다.

예술 작품을 볼 때 해당 작품만을 보며 읽을 수도 있으나 다른 작품들과 비교해 읽을 수도 있다. 어쩌면 전자보다는 후자가 더 나은 방식일 수도 있다. 작품 간에 유사점과 상이점을 드러냄으로써 읽고자 하는 작품의 특징을 더 잘 파악할 수 있기 때문이다. 그런 이유로 〈지원의 얼굴〉을 다른 작품 둘과 비교해 살펴보기로 한다. 하나는 같은 여인 흉상인 〈경자〉(사진 7)이고 다른 하나는 누드 전신상인 〈싫어〉(사진 8)인데 둘 다 〈지원의 얼굴〉이 만들어진 시기 전후에 제작된 작품들이다. 먼저 〈경자〉를 보자.

〈사진 7〉〈경자〉, 1968년, 테라코타, 45.0×34.5×23.5cm. 개인 소장.

단아하다. 머리도 단정하게 빗었고 입은 약간 긴장 되어 있으나 얼굴은 평온한 모습이다. 상의 블라우스의 앞섶을 여미고 단추도 잘 채우고 있다. 모델을 선 최경자의 모습을 그대로 재현한 것이리라. 대부분 권진규의 여인상이 보여 주고 있는 정형이기도 하다.

궁금하다. 권진규의 여성관은 어떠했을까. 어떤 모습의 여인을 좋아하고 어떤 모습의 여인을 꺼렸을까. 〈경자〉와 같은 단아하고 단정한 모습의 여인을 좋아했을까, 아니면 그러한 모습은 아니더라도 나름대로 다른 매력을 발산하는 여인을 더 좋아했을까. 아직 생존해 있는 제자들이 꽤 있으니 물어보면 어떨까.

이에 관해 우리에게 이미 증언을 남긴 이가 있다. 바로 〈지원의 얼굴〉의 모델이었던 장지원이다.

"그분(권진규)은 여자에 대해서는 무척 까다로웠다. 머리를 빗지 않거나 화장을 하지 않은 여자는 쳐다보기도 싫어하셨다. 언젠가는 어느 여자가 작업실을 방문했던 것을 '화장도 하지 않고 머리를 뒤로 묶었다.'는 이유로 문전에서 쫓아 보냈다고 하시던 얘기가 기억난다. 순종적이고 늘 단정한 아름다움을 갖춘 이상적인 모습을 여자에게서 기대했다고나 할까."[7]

신뢰할 수 있을 만큼 내용이 충분히 구체적이지 않

은가. 이로 미루어 보건대 권진규는 1960년대 말 한국 사회의 교육받은 남성이 지녔던 평균적 여성상, 다소 마초macho 끼가 있는 여성관을 공유했던 듯하다(필자로서는 상기 증언 중 '순종적' 여성을 이상적 모습으로 했다는 대목에 대해서는 동의하기 어렵다. 어쩌면 여성이 지닌 섬세한 '촉'의 영역일 수도 있어 이 부분에 대해 언급하는 것 자체가 조심스럽다. 다만 권진규가 평생 가슴에 두고 살았던 연인 도모는 그런 여성과는 거리가 먼 상당히 당찬 모습의 여성이었다). 그러나 예술 작품이 작가가 생활인으로서 가진 여성관 내에 머물러 있어야 하는 것은 아니다. 좋은 예술가는 예술인으로서 작품을 통해 다른 여성관을 보여 주기도 한다. 있는 그대로를 재현하기만 하는 것이 아니라 뭔가를 심어서 영감을 불러일으킨다. 리프리젠트represent하기만 하는 게 아니라 인스파이어inspire한다. 권진규에게도 두 가지 다른 여성관이 존재했던 듯하다. 생활인으로서 선호하는 여성상과 예술인으로서 자기가 생명을 불어넣고자 하는 여인상이 사뭇 달랐던 듯하다.

권진규의 누드 전신상, 〈싫어〉를 보자. 누드로 웅크리고 있는 여인이 잔뜩 인상을 찌푸리며 누군가에게 분노를 분출하면서 완강한 거부의 의사를 드러내고

(사진 8) 〈싫어〉, 1968년, 테라코타, 27.6×29.2×24.0cm. 개인 소장.

있다. 매우 강렬한 몸짓이다. 세상에는 〈경자〉와 같은 여인도 있으며 '싫어'를 온몸으로 외쳐야 하는 여인도 있다. 대학 강단에 서 있는 자도 다 같지 아니하다. 누구는 조교수나 부교수로 있으면서 안정된 생활을 누리는 반면, 누구는 시간강사로 있으면서 생활의 고초를 견뎌야 하는 것이다. 그런 가난한 처지에 있으니 작가는 자연히 세상살이에서 비슷한 처지에 놓여 있는 여성들을 보게 된다. 혼잣말처럼 뇌는 그들의 말을 곧잘 듣게 된다. 나나 그들이나 어쩌면 '싫어'가 우리가 할 수 있는 최대한의 저항치抵抗値이리라. 그렇다고 변할 것은 없겠다만 그래도 그런 제스처라도 해야 정신 놓지 않고 살아갈 수 있지 않겠는가. 그렇게 조각가는 자신처럼 가난과 배제로부터 벗어나지 못하고 있는 처지의 여성에게 위로의 말을 건네며 응원하고 있는 것은 아닐까.

〈지원의 얼굴〉은 이와 또 다르다. 누군가에게 전혀 분노하고 있지 않으며 무엇인가를 거부하고 있지 않다. 〈경자〉처럼 아름답고 평온한 얼굴이다. 〈경자〉처럼 단아하게 빗은 머리카락 위로 스카프를 둘러맸다. 스카프로 감쌌으니 한 올 삐침도 없다. 일상에서 귀로 들어오는 소음도 다소 차단된다.

이러한 모습을 최태만처럼 '영원의 소리를 들으려

는 듯한 구도적 자세'로 볼 수도 있을 것이다. 그런데 그것이 작가 자신이 의도한 바였을까. 작가의 의도는 혹 이런 것이 아니었을까. 조심스레 기술해 본다.

스카프를 귀까지 덮어 단아하게 머리카락을 안으로 둘러맨 모습은 1960년대 멋쟁이 여성들의 패션이었다. 초등학교 때 담임선생님이 그렇게 스카프를 두르고 나오셨던 기억이 아직도 생생하다. 혹시 틀렸을지 몰라 인터넷 검색을 해 보았다. 명품 브랜드 디올Dior이 2021 가을/겨울 뉴욕·런던·밀라노·파리 패션위크 런웨이에서 1950-1960년대 유행했던 스카프 패션을 선보였다는 기사가 나온다.[8] 당대를 주름잡았던 할리우드 스타 오드리 헵번Audrey Hepburn, 도로시 댄드리지Dorothy Dandridge, 그레이스 켈리Grace Kelly 등이 머리를 감싸는 스카프 패션으로 세계의 이목을 한 몸에 받았던 일을 상기시키고 있다.

특히 영화 《로마의 휴일Roman Holiday》의 주인공 헵번은 당대 전 세계 남성들의 세기의 연인이었다. 그가 스카프를 매고 나온 모습이 패션 선진국 이탈리아 조각가 만주의 눈에 안 띄었을 리 없다.[9] 빈한한 후진국에 살며 궁핍에 시달렸지만 예술가 권진규의 눈에 안 띄었을 리 없다. 아니 그들의 눈을 사로잡고도 남아 그 잔상만으로도 그들은 생기발랄하고 아름답고 청순한 여성을 조형화해 볼 의욕을 가졌으리라. 만주의 여인 흉상이나 권진규의 여인 흉상이나 스카프를 맨 헵번의 얼굴과 경염하고 있는 것이리라. 손이 안으로 굽어서일까. 이탈리아 현대조각의 대가라는 만주의 여인 흉상은 헵번의 근처에도 가지 못했으나 권진규의 〈지원의 얼굴〉은 얼굴형이 다를 뿐 헵번 못지않은 용모를 갖춘 여인이지 않은가.

그랬다. 스카프를 귀까지 덮으며 질끈 둘러맨 〈지원의 얼굴〉은 패션에 민감한 젊고 아름다운 멋쟁이 여성이었다. 그러나 〈지원의 얼굴〉은 권진규가 다른 흉상으로 조형화한 여느 멋쟁이 여성들과 달랐다. 모델이 되어 주었던 장지원이 〈지원의 얼굴〉의 모델이 되게 된 사연이 있었다. 남달랐다.

"권 선생님을 처음 뵌 것은 1966년 봄 홍익대학교에서였다. 서양학과 2학년 생이던 때 나는 시간강사로 나오시던 그분에게서 교양 실기 과목인 조소를 배웠다. 워낙 말씀을 잘 안 하셨고 수업에 들어오셔서도 천장만 바라보면서 강의를 하시던 분이라, 가까이 대하기가 무척 어렵게 느껴졌다.
어느 날 석고 작업을 처음 배우게 되었는데 학생 작품 중에서 마침내 부조浮彫 작품으로 석고 작업의 시범을 보여 주신 일이 있었다. '누구 것을 만들어 볼까.' 하시는 것을

'저요….'하고 손을 들었던 것이다."[10]

　지금도 여전하나 그때만 해도 학생이, 그것도 여학생이 대학교 수업에 자발적 참여나 호응을 하는 일은 매우 드물었다. 더욱이 학생들과 별 아이 콘택트 없이 천장만 바라보며 수업하는 교수(정교수든 시간강사든)의 강의실에서 그런 일은 좀처럼, 어쩌면 결코 일어나지 않는다. 그런데 일어났다. 장지원이 '저요….'하고 손을 들었던 것이다. 가히 사건이라 할 만하다. 그 일은 어쩌면 권진규가 대학교 강단에서 처음 경험했던, 아니 처음이자 마지막으로 경험했던 사건이 아니었을까 싶다. 그는 장지원에게 특별한 고마움을 느꼈을 것이다. 조각가는 그랬던 제자에게 특별한 선물을 만들어 주고 싶었을 것이다. 그래서 〈지원의 얼굴〉엔 다른 여인 흉상과 다른 특별한 생명을 불어넣었던 것 아닐까 한다.

　〈경자〉와 비교해 뜯어보기로 보자. 〈지원의 얼굴〉은 〈경자〉보다 더 자연스럽게 입을 다물고 있다. 〈경자〉가 목을 앞으로 좀 더 내밀고 가까운 곳을 응시하고 있는 반면, 〈지원의 얼굴〉은 목을 좀 더 당기고 먼 곳을 응시하고 있다. 왜 먼 곳을 응시하고 있을까. '눈앞에 있는 곳'이나 '지금'에 그다지 흡족하고 있지 않기 때문이 아닐까. '지금 너머'를 보며 눈앞에 있는 인물이나 사물이 아닌 다른 누군가를 혹은 다른 무엇인가를 바라보며 기다리고 있는 것 아닐까.

목 아래를 보자. 〈경자〉를 보면 어깨가 생략되어 있다. 젖가슴도 생략되어 있다. 권진규에게 어깨나 젖가슴은 그리 중요한 형체가 아니다. 남성들에게도 여성들에게도 마찬가지이다. 예술가에게 그들은 특별한 어떤 무엇이 보이는 경우, 재현해 보고 싶은 존재일 뿐이다. 그런 점에서 남성과 여성, 둘 사이에 차등을 둘 일은 없다. 그렇다고 둘을 모두 똑같이 그려낼일은 아니다. 남성은 남성대로, 여성은 여성대로 나름 생물학적 혹은 사회학적 특징을 보인다. 리얼리즘은 그런 특징을 존중한다. 그래서 조각가는 〈경자〉를 조형하면서 그가 입은 여성 블라우스의 특색을 제멋대로 지우지 않는다. 〈경자〉가 입고 있는 상의 가슴께 왼편에 단추를 다는 일을 헷갈리지 않았다.

〈경자〉처럼 〈지원의 얼굴〉도 어깨와 젖가슴이 생략되어 있다. 〈경자〉와 달리 〈지원의 얼굴〉은 최태만이 본 것처럼 얇은 블라우스가 아닌 두꺼운 외투를 입었다. 목 뒤며 가슴께로 흘러내리는 옷의 두께로 보아 망토이다. 블라우스 단추를 채우고 여미어 입은 〈경자〉와 달리 〈지원의 얼굴〉은 망토의 단추를 채우지 않고 있다. 입은 것이 아니라 걸치고 있다. 걸치고 있는 망토는 게다가 놀랍게도 여성 망토가 아니다. 단추가 〈지원의 얼굴〉 가슴 오른편에 달려 있다. 남성 망토인 것이다.

의도적 설정임에 틀림없다. 또렷한 형태로 세 개나 달아 놓았다. 작가는 보는 사람들이 곧 알아채 주기를 바랐던 것이리라. 그러나 전시에 출품한 지 50년이 넘도록 아무도 알아채 주지 않았다. 모두 무심한 마음으로, 깍지 낀 눈으로 보아 왔기 때문이 아닐까.

〈지원의 얼굴〉은 아름답고 단아한 용모를 가진 젊은 여성이다. 그런데 여성은 용모와 달리 가슴을 완전히 여미지 않고 남성 망토를 걸친 채 말을 걸고 있다. 〈싫어〉의 여인처럼 그의 눈앞에 있는 이곳, 이 시간을 바로 거부하고 있지는 아니하나 그렇다고 영원히 함께하고 싶지는 않다며 은근히 도발하고 있는 것이다. 눈앞에 있는 우리를 보는 것이 아니라 우리 너머에 있는 먼 곳, 우리가 없는 먼 시간을 응시하고 있는 것이다.

그렇게 권진규는 자기의 수업에 자발적으로 참여해 주고 적극적으로 호응해 준 장지원에게 다른 흉상과 차별을 둔 〈지원의 얼굴〉을 선사했다. 작가의 여성관에 대한 제자의 증언이 맞다면, 비록 생활인으로서 자기가 선호하는 여성의 이상형은 아니나, 예술인으로서 그의 앞날을 축복해 주고자 하는 마음이 일었던 것이 아닐까. 여성 제자에게서 양성이 불평등한 사회 속 차별에 순종하지 아니하고 달리 무엇인가를 추구하고자 하는 당돌함을 보았고 그 당돌함에 긴 호흡의 혼을 입혀 조형해 준 것이 아니었을까. 〈지원의 얼굴〉의 시선에서 작가가 남몰래 빚어둔 기원과 축복을 본다. 언젠가 이런 여인들이 당당하게 자신을 꽃피어 가는 날이 오리라.

3. 〈지원의 얼굴〉은 이제 좀 가까이 보고 있을까

　〈지원의 얼굴〉이 세상에 나온 지 오래되었다. 55년의 세월이 흘렀다. 세월 속에 한국 사회는 기적의 도약을 했다. 세계인들이 한국전쟁으로 겨우 그 이름을 아는 후진국에서 누구도 무시 못할 세계 10위의 경제 선진국으로 솟아올랐다. 정치적으로도 사회적으로도 예술 분야도 크게 발전했다. 그와 함께 많이 나아지긴 했으나 하지만 양성평등의 길은 아직 갈 길이 먼 듯하다.
　그동안 우리 국민에게 힘을 북돋아 주고 자랑이 되

어 준 여성이 많다. 스포츠계에 국한해 보아도 고맙고
자랑스러운 이름이 많다. 임미경, 홍정호, 이상은 등
우리나라 여자 핸드볼 선수들은 1988년 서울 올림픽
에 이어 1992년 바르셀로나 올림픽에서도 우승, 올림
픽 2연패라는 위업을 달성했다. 그들의 위업은 영화
《우리 생애 최고의 순간》으로 제작되어 국민적 사랑
을 받았다. 박세리는 1998년 국가적으로 외환위기의
고난에 있을 때 메이저 중에서도 첫 손에 꼽히는 U.S.
여자오픈 골프대회에서 우승컵을 들어 올렸다. 김연
아는 2010년 밴쿠버 동계올림픽 피겨스케이팅 여자
싱글 금메달리스트가 되었다. 기술적으로 역사상 가
장 위대한 챔피언이라는 평가를 받은, 살아있는 레전
드이다. 2021년 도쿄올림픽에서 김연경은 포기하지
않는 특유의 투혼과 '식빵 언니' 리더십을 발휘하여
여자배구팀을 올림픽 4강에 올려놓았다. 그들의 내일
은 크게 열려 있다.

　작가가 〈지원의 얼굴〉의 시선을 '지금 너머'에 멀리
두었던 이유는 바로 그런 대단한 여성들을 만나기 위
해서 아니었을까. 남성 중심 사회의 폭력에 굴하지 않
고 있는 힘을 다해 자신을 꽃피워 가는 여성들을 축복
하기 위해서 아니었을까. 그런 여성들이 언젠가 올 것
을 소망하고 믿었기 때문이 아니었을까.

포장은 때때로 내용을 감춘다. 때로는 내용을 압도한다. 눈에 띄는 현란한 무늬 포장지의 용도이기도 하다. 권진규는 저널리즘이 입힌 천재화, 비운화의 포장에 싸여 있다. 그의 작품은 동양적 신비주의가 입힌 종교화, 신비화의 포장에 싸여 있다. 이제 그 무거운 포장들을 벗겨 줄 때가 되지 않았을까. 그를 보다 실제에 가깝게 보고 이해하며 그의 작품을 보다 다면적으로 알아가기 위해서 말이다.

다섯

〈재회〉, 다시 만났으나 다시 헤어짐

1. 조카와 브로맨스가 있었고 그 찬스를 썼다

함경도 함흥에 한 진사 댁이 있었다. 오래된 명문가였다. 추사秋史 김정희1786-1856가 함흥에 유배 갔을 때 며칠 신세를 졌다는 집이었다. 4대가 함께 살았던 그 집엔 대대로 내려오는 특별한 먹거리가 있었다. 호랑이 육포였다. 일제 때 소고기 육포도 구경하기 힘든 시절, 호랑이 육포를 먹으며 자랐다는 이가 있다. 서양화가 권옥연 이야기다. 그는 누이 하나뿐인 5대 독자로 권 진사 댁 장손이었다.[1]

권 진사 댁은 매해 봄 함주군에 있는 종중 묘에서 시제를 지냈다. 옥연의 부친이 주관하였으며 시제 때마다 1백여 명이 모였다. 아이들도 1시간 남짓 거리를 우마차를 타고 갔다. 사내아이는 물론 여자아이들도 함께였다. 시제 때마다 소 한 마리씩을 잡아 바치고 나누어 먹었다. 어느 집 하나 충지지 않고 살았던 만큼 비용은 큰집과 작은집 둘이 3년마다 번갈아 가며 조달했다.

　권진규네는 둘째 집이었다. 큰집에서 이번 차례라고 연락이 오면 부친 정주는 둘째네를 대표하여 소 한 마리 비용을 댔다. 진규는 아버지와 형 진원을 따라 참석했다. 누이 경숙도 참석했다. 누이 경숙은 당시 옥연과 교분이 없었으나 또래 사내아이들인 진규와 옥연은 서로 알았다. 그때부터 진규는 옥연에게 '진규 아저씨'였다. 항렬이 하나 위였기 때문이다. 그래도 나이가 한 살 차이밖에 안 났으니 '아재'라 부를 법도 했으나 옥연은 늘, 어릴 때부터 줄곧 그를 '진규 아저씨'라고 불렀다.

　성인이 되어 서울에서 다시 만난 둘은 닮은 구석이 별로 없었다. 극명한 대비를 이룰 만큼 체격으로나 성품으로나 판이했다. 생활 형편마저 그랬다.

　조카 옥연은 기골이 장대했다. 호방하며 개방적이

었다. 인사동에 나타나는 예술가들은 모두 아는 척하며 반갑게 악수를 했고, 여성들을 만나서는 프랑스 유학 때 익힌 볼 키스를 서슴없이 나누었다. 그러면서도 순진하며 귀여운 구석이 있었다.[2] 반면 9촌 아저씨 진규는 보통 남성 체격을 지녔다. 내성적이며 좀처럼 자신을 드러내지 않았다. 사람들 얼굴을 가리며 여성들과 볼 키스는커녕 시선도 잠깐 맞추고 바로 거두곤 했다. 다만 한 가지, 순진하며 귀여운 구석이 있는 것은 둘이 닮았다.

옥연은 1942년 도쿄 데이코쿠미술학교에서, 그리고 1957년부터 3년간 프랑스 파리 아카데미 드 라 그랑드 쇼미에르Académie de la Grande Chaumière에서 공부하고 귀국하여 서울대학교와 이화여자대학교 미대 교수를 역임한다. 대한민국 예술원상1986, 3·1문화상1994, 국립현대미술관의 '올해의 작가' 원로부문2000에 선정되는 등 우리나라 미술계의 주류 엘리트였다. 반면 진규는 뒤늦게 일본 유학을 마치고 나이 서른일곱 때인 1959년 귀국, 대학 시간강사를 전전하며 동선동 아틀리에에 틀어박혀 작품 제작에 몰두하였다. 귀국하기 전 일본 이과전에서 수상한 경력이 있을 뿐 귀국 후 그 어떤 상의 후보에도 오르지 못했던 비주류 주변인의 삶을 살았다.

그래도 둘 사이는 좋았다. 1962년 경기도 금곡에 터를 잡으면서 옥연이 해마다 집안 장손으로서 조촐하게나마 함흥 선산의 시제를 지낼 때 진규도 꼭 참석하였다. 옥연은 '진규 아저씨' 아틀리에에 종종 들렀다. 같은 예술계에 몸담고 있어서였는지 어린 시절의 교분은 두터운 친분으로 다져졌다. 워낙 사회적 품이 큰 옥연으로서야 진규 아저씨가 그저 사이좋은 절친이자 동료 예술인들 가운데 하나였겠지만 진규에게 옥연은 첫손가락에 꼽을 정도의 절친이자 동료였다. 그의 생애 베스트 프렌드를 꼽자면 첫째에 옥연, 둘째에 말년에 돈독한 후원자였던 명동화랑 사장 김문호 그리고 셋째에 또한 말년에 만나 최후의 희망을 보았다며 유서를 남겼던 서울대학교 공과대학 교수 박혜일이 아니었을까 싶다.

무슨 운명의 장난인지 1965년 옥연과 진규, 두 예술가의 삶은 그렇지 않아도 뚜렷했던 명암을 더욱 선명하게 보여 준다. 그해 도쿄 니혼바시 화랑에서 개최한《권옥연 개인전》은 크게 호평을 받았다. 반면 같은 해 9월 서울 신문회관에서 개최된《권진규 조각전》은 모진 찬바람을 맞았다.

얼마 후 단풍이 짙은 늦가을, 옥연이 동선동 아틀리에로 찾아왔다. 지친 얼굴이었으나 그래도 반가운

(사진 1) 니혼바시 화랑 초청《권진규 조각전》포스터, 1968년.

미소를 보이며 맞는 진규에게 그는 대뜸 "진규 아저씨, 도쿄로 갑시다!"라고 말한다. 무슨 뚱딴지같은 소리냐고 묻는 눈길을 "아, 가서 전시하시자니까요. 니혼바시에서."라며 덮어버린다. 옥연은 도쿄 니혼바시 화랑 전시 후 화랑 사장 고지마 데츠로兒島徹郎에게 조각가 권진규를 추천해 둔 것이었다. 고지마는 서울에 들어와 동선동 아틀리에를 방문하고 이듬해 권진규의 개인전 개최를 약속했다.[3]

1968년 도쿄 니혼바시 화랑 초청《권진규 조각전》은 그렇게 해서 이루어진 것이었다(사진 1). 세상에 권진규만큼 좋은 9촌 조카를 둔 사람은 전에도 앞으로도 없을 것이다. 그는 형 진원이 아팠던 탓에 부친으로부터 밀항 비용을 얻어 간병차 1948년 도쿄에 들어가 미술 공부를 할 수 있었다. 시쳇말로 형님 찬스를 쓰게 된 거였다. 그랬기에 조각 공부를 할 수 있었고 평생의 연인 도모도 만났다. 그런 그에게 옥연은 1968년 도쿄 개인전을 주선해 주었다. 조카 찬스라고 해야 할까, 브로맨스 찬스라고 해야 할까. 하여튼 권진규는 생전에 개인전의 기회만큼은 타고난 작가였다. 다만 세평을 얻지 못했을 뿐이다.

2. 〈재회〉는 도플갱어로 만날 수밖에 없었다

장대한 체구를 가진 옥연이 돌아가자 아틀리에는 텅 비어버린 것 같았다. 그 빈 공간 안으로 희망의 바람이 다투어 들어왔다. 도쿄라니, 도쿄에서 개인전을 갖는 거라니. 권진규는 어린애처럼 신났다. 다음 해 7월 전시에 맞추려면 너무도 촉박했다. 쉴 새 없었다. 바삐 움직였다. 평생 그때만큼 바삐 산 적이 없다. 그는 만들고 또 만들었다.

심혈을 기울여 〈지원의 얼굴〉을 완성했다. 또 무엇을 출품해야 할까. 그랬다. 도쿄 전시 이야기를 듣는 순간부터 떠오른 것이 있었다. 도쿄는 그에게 무사시노미술학교였다. 그때 그 스승과 동료들 앞에 다시 서는 거다. 눈에 띄는 미모로 캠퍼스의 뭇 눈길을 사로잡았던 아내 도모 앞에 다시 서는 거다. 그는 어떤 모습일까. 그 앞에 나는 어떤 모습으로 설 것인가. 오랫동안 꿈꾸어 왔던 도모와의 재회를 잊지 말아야 했다.

아마도 그 같은 정황 속에서 제작되었을 터인데 안타깝게도 〈재회〉(사진 2)를 객관적으로 이해할 만한 거리가 하나도 남아 있지 않다. 다시 만나는 두 인물이 왜 고대 그리스 여신을 연상시키는 인물들인가. 그들은 왜 짙은 회색조이며 서로 손조차 잡지 않고 있

(사진 2) 〈재회〉, 1967년, 테라코타(좌대: 나무), 70.5×71.5×36.0cm. 개인 소장.

는 것인가. 왜 나무 대 위에 서 있는가. 동기나 작품 의
도를 알 수 있는 관련 자료가 없으니 달리 이해에 이
를 방도가 없다. 하는 수 없이 당시 그의 머릿속으로
들어가 읽기를 시도해 보기로 하자. 연후에 이를 실제
재회 광경에 조회해 그럴싸한지 확인해 보기로 하자.

도모, 그는 지금 어떤 모습일까. 품에 지니고 있는
사진은 이미 8년 전의 것. 옛 모습은 눈 감아도 바로
그려낼 수 있지만 옛 도모와 다시 만날 수는 없는 일
이다. 그렇다면 차라리 신화 속 인물군에서 차용해 오
는 건 어떨까. 그리스 헤라 신전의 여인 모습이면 궁
색해 보이지 않겠지. 권진규는 언젠가는 조형하리라
며 몇 해 전 정초에 그려둔 데생을 떠올렸다(사진 3).
그는 아틀리에 선반 위에 올려둔 드로잉북을 찾아 펼
쳐 들었다. 있었다. 괜찮았다. 그만하면 도모에게 걸
맞은 모습이었다. 인물 하나는 그렇게 결정됐다.

도모와 만나는 인물, 그러니까 나는 어떤 형체로 할
까. 권진규는 생각을 이어갔다. 신전을 지키는 신전의
여인을 보호하는 전사의 모습으로 할까. 멋지다. 하
지만 자신에게 걸맞지 않다. 이제 그런 임무를 수행할
수 있을 만큼 젊지도 활기차지도 못한 까닭이다. 홀로
귀국하면서 도모에게 곧 찾으러 돌아오겠다고 한 언
약도 지키지 못한 처지가 아닌가. 연인으로서, 남편으

〈사진 3〉 〈데생〉, 1964년, 종이에 펜, 35.5×25.5cm. (사)권진규기념사업회 기증.
서울시립미술관 소장.

로서 만나는 것은 면목이 없는 일이다. 그렇다고 생판 모르는 남자인 척하고 만날 수도 없다.

그저 궁할 뿐이다. 궁리 끝에 이도 저도 택하기 어려우니 권진규는 아예 도모처럼 여성으로 변신하기로 한다. 그게 도모에게도 덜 불편할 것이라고 자위한다. 스스로도 조금이나마 덜 겸연쩍을 듯싶었다. 그래서 도모처럼 하얀 줄무늬를 입고 월계관을 두른 얹은머리를 한 인물을 도모 앞에 세우기로 했다. 도모의 도플갱어이자 권진규의 분신이다. 그렇게 비로소 둘은 마주 보게 되었다.

〈재회〉의 두 인물은 매우 흡사하다. 얼굴은 물론 머리 모양이며 입은 드레스까지 거의 구분이 안 된다. 하지만 둘은 같은 인물이 아니다. 하나는 도모이고 맞은편 인물은 권진규이다. 누가 누구일까. (사진 2 / 4 / 5 / 6 / 7)을 함께 보면서 분간해 보기로 하자.

(사진 2)에서부터 시작하기로 하자. 두 인물 가운데 왼편에 선 인물보다 오른편에 선 인물이 조금 더 커 보인다. 이로 미루어 볼 때 왼편이 도모이고 오른편이 권진규이겠다. (사진 2)와 (사진 4)를 함께 보자. 육안으로 보아도 두 인물 모두 신장에 비해 팔 길이가 상당히 길다. 그들은 긴 팔을 앞으로 죽 내밀고 있다. 둘 다 오랫동안 서로를 생각하며 재회를 기다려 왔음

〈사진 4〉〈재회〉, 1967년.

(사진 5) 〈재회〉, 1967년.

(사진 6) 〈재회〉, 1967년.

(사진 7) 〈재회〉, 1967년.

을 시사해 준다.

　이어서 두 인물의 손 모양을 보자. (사진 2)의 왼편 인물은 손등만 보인다. 손가락을 모두 굽히고 있는 것이다. 반면 오른편 인물의 손가락은 다소 편 모습이다. (사진 4)에서 두 인물이 손가락을 편 각도를 보면 그 모습이 보다 명료하게 드러난다. (사진 2)의 왼편 인물이 (사진 4)의 위 인물과 같은 도모이고 (사진 2)의 오른편 인물이 (사진 4)의 아래 인물과 동일한 인물, 권진규인 것이다.

　(사진 5)에 보면 두 인물의 손가락이 어떤 모양을 하고 있는지 알 수 있다. 얼굴 앞모습을 보이고 있는 인물(도모)의 다섯 손가락은 보다 많이 안쪽으로 굽혀 있으면서 서로 모두 붙어 있다. 반면 목덜미 뒷모습을 보이고 있는 인물(권진규)의 다섯 손가락은 상대적으로 보다 많이 펴 있으면서 엄지와 검지, 그리고 검지와 중지 사이가 조금 벌어져 있다.

　그런 손가락 모습에서 우리는 본다. 도모가 긴 팔을 뻗으며 오랫동안 이 재회를 기다려 왔음에도 불구하고 손을 맞잡고 회포를 풀 생각은 아닌 것이다. 작가는 손을 맞잡고 싶어서 손가락을 펴고 있으나 도모의 손에 흐르는 긴장감을 보고 멈칫하고 있다. 감히 손을 맞잡을 수 없는 것이다.

(사진 6)과 (사진 7)은 앞뒤로 선 둘의 모습을 보여 주고 있다. (사진 6)은 도모의 얼굴 앞모습과 권진규의 목덜미 뒷모습을 보여 준다. (사진 7)은 반대로 권진규의 얼굴 앞모습과 도모의 목덜미 뒷모습을 보여 준다.

　(사진 6)에서 뒷모습을 보이고 있는 권진규의 등이 정면으로 보인다. 왼쪽 어깨보다 오른쪽 어깨가 조금이나마 앞으로 나가 있다. 다리도 (사진 7)에서 뒷모습을 보이고 있는 도모보다 곧은 자세를 하고 있다. 엉덩이를 바로 한 채 팔을 상대에게 죽 내밀고 있는 것이다.

　(사진 7)은 도모의 뒷모습을 보여 준다. 도모의 등은 사면斜面으로 기울어 있고, 뻗고 있는 오른팔의 어깨가 왼쪽 어깨보다 뒤로 빠져 있다. 다리도 (사진 6)에서 뒷모습을 보이는 권진규보다 많이 굽은 자세를 하고 있다. 엉덩이를 뒤로 뺀 채 팔만 앞으로 내밀고 있는 것이다.

　그렇듯 도모는 손가락을 모두 붙이고 안으로 접고 있으며 팔은 내밀고 있으나 오른쪽 어깨와 엉덩이를 뒤로 빼고 있다. 그렇게 그는 다시 만난 상대에게 의구심을 보이며 선뜻 손을 맞잡으려 하지 않는 것이다. 작가는 그런 도모를 바라보며 손가락을 벌리고 도모를 향해 팔을 더 내밀어 보지만 손을 잡을 엄두는 내지 못하고 있다. 〈재회〉의 두 인물은 니혼바시 다리 위에서 다시 만나 서로 마주 보며 팔을 내밀었으되 그렇듯 서로 포옹은커녕 손조차 맞잡지 못하고 서 있는 것이다.

권진규는 도모와 자기 스스로를 너무도 잘 알고 있었던 듯하다. 작가로서 설정하고 조형한 작품 〈재회〉는 실제 둘이 재회했던 모습과 크게 다르지 않았다. 애처로웠다. 옆에서 보는 사람이 더 안타깝고 무안할 정도였다.

3. 비상구는 무심했다

1964년 이혼 후 둘 사이의 연락은 끊겼다. 학교 때 다른 친구에게는 니혼바시 화랑 개인전 소식을 알렸지만 도모에게는 하지 않았다. 〈재회〉를 만들었던 것으로 미루어 보아 권진규는 그래도 도모가 찾아와 주기를 남몰래 바랐던 듯하다. 떠날 때 곧 찾으러 오겠다고 한 약속을 못 지켜서 미안하다는 말이라도 하고 싶었던 것이리라. 일본 여성 칼럼니스트 후카사와 마키深澤眞紀가 말하는 초식남草食男, 권진규는 바로 그런 사람이었겠다.

오랫동안 〈재회〉를 남몰래 가슴 깊이 숨겨 놓고 있던 사람이 있었다. 오래도록 소식이 없었지만 그는 권진규의 니혼바시 화랑 전시를 기다리고 있었다. 누구였겠는가. 도모는 그 꿈같은 소식을 들었다. 권상이 왔다. 설마, 설마, 설마. 틀림없는 생시였다. 어쩌나. 갈까, 말까. 간다면 몰래 갈까, 아니면 … 고민의 시간은 길지 않았다. 짧았다. 아니 순간이었다. 피하고, 숨고, 예전부터 그런 것은 그의 스타일이 아니었다.

설마 했는데 진짜 도모가 나타났다. 그것도 전시 첫날 니혼바시 화랑에 찾아온 것이었다. 권진규를 보자마자 그는 '권상, 바보!'라고 크게 외쳤다. 사슴처럼 커다란 그의 눈에서 눈물이 주룩 흘러내렸다. 권진규는 그 자리에 얼어붙었다. 옆에 있던 옥연이 자리를 추슬렀다. 근처 초밥집으로 둘을 데리고 갔다. 하지만 권진규는 내내 말이 없었다. 전시회가 끝난 후, 팔린 작품들을 시멘트로 제작하느라 후배 아카오기 겐지赤荻賢司 집에 2주간 머무는데 그와 맥주를 한잔 같이하며 그제서야 눈물을 두 줄기 주룩 흘렸다.[4]

둘의 이승에서의 만남은 그렇게 끝을 맺었다. 이후 살아생전에 둘은 다시 만나지 못했다. 둘이 다시 만나게 되는 건 그로부터 20년이 지난 1988년이었다. 누이 경숙이 권진규 15주년 회고전 때 그를 초청했다. 누이 경숙과 그의 셋째 아들 허명회와 함께 서울 서소문 호암갤러리를 방문해 작품을 통해 권진규와 다시 만났다.

작가가 〈재회〉의 인물에 입혔던 짙은 회색조는 야속하게도 딱 그 색깔이 맞았다. 흰색도 검정색도 아닌 그 짙은 회색이 옳았다. 권진규가 전시회에 건 기대는 크고 많았다. 그 가운데 절반은 충족된 셈이라 할 수 있었으나 절반은 아니었다.

권진규에게는 무엇보다 호평이 필요했다. 예술가가 발표회를 갖고받는 혹평은 바늘이 되어 예술가의 가슴을 콕콕 찌른다. 아프다 못해 숨조차 쉴 수 없는 지경이 된다. 3년 전 서울 신문회관에서와 같은 따돌림의 수모를 겪는다면 서울에 돌아갈 기력조차 없다. 그런데 천만다행이었다. 호평을 받았다.

이에 더하여 작품이 팔려야 했다. 그에게는 서울살이에 사시사철 끼어 있는 성에를 녹여 줄 따뜻한 물이 필요했다. 물을 데울 연료가, 돈이 필요했다. 도쿄 전시회에서 한몫 장만할 수 있기를 은근히 기대했다. 기대에는 미치지 못했으나 그래도 몇 점 팔렸다. 이 또한 천만다행이었다. 정신을 차려 도쿄국립근대미술관에 〈애자〉(사진 8) 등 몇 점을 기증하기도 했다.

또 다른 기대가 있었다. 도모와의 재회를 꿈꾸었다. 전시회에 대한 호평도 받고 작품도 많이 팔리면 도모와의 새 출발도 혼자 꿈꾸었다. 도모가 재혼했으리라고는 꿈에도 생각하지 못했다. 화랑에서 도모가 외쳤던 말이 맞았다. 정말 그는 바보였다. 젊고 아름다운 여성이 혼자가 되었으니 재혼하는 것이 당연했다. 새 출발이라니 얼토당토않은 일이었다. 하염없이 과거의 쳇바퀴를 도는 다람쥐나 꿈꿀 그런 한여름 밤의 하얀 꿈이었다.

끝으로, 될 수 있다면 서울살이를 정리하고 도쿄로 와 다시 시작하고 싶었다. 니혼바시 화랑 전시에서 호평을 받게 된다면 10년 전 서울로 떠나면서 기도했던 예술적 '탈바꿈'을 인정받는 셈이었다. 그러면 다시 도쿄로 못 올 일은 없지 않은가. 박대받는 세월에 지쳤다. 차라리 이국에서 박대받으면 설움이라도 덜 하겠다. 서울을 떠나 도쿄로 와 살 수 있다면 그렇게 해서라도 살아남아야 하지 않겠는가.

권진규는 모교에 가서 은사 시미즈 다카시를 찾아 뵙고 간청을 드렸다. 귀국해서도 서신에 청을 담아 보냈다. 무사시노미술대학 비상근 강사로 임용되기를 간절히 희망하며 스승께서 힘을 써 주십사 하는 내용이었다. 학교 이사장 다나카 세이지의 양해도 이미 얼

〈사진 8〉〈애자〉, 1967년, 테라코타, 46.0×35.0×25.5cm. 도쿄국립근대미술관 소장.

었다는 긍정적 사정도 덧붙였다. 시미즈 다카시도 제자 권진규에 대해 상당히 우호적이었다. 니혼바시 화랑 전시회 때 축사로 그를 응원했다. 내용을 아래에 옮긴다.

"니혼바시 화랑의 후의에 힘입어 권 군의 작품전을 개최하게 되어 그를 지도했던 나로서도 참으로 기쁩니다. 권진규는 학생 시절에 동급생은 물론 조각과 이외의 학생들에게까지 '권상權さん'이라는 애칭으로 불렸습니다. 타고난 건강과 감수성을 가진 그는 시간을 아끼며 끊임없이 탐구하는 성실한 생활을 했습니다. 보는 사람으로 하여금 장래를 기대하게 했던 청년이었습니다. 5학년 때는 밖에서 말을 주제로 한 작품을 자주 만들었던 것으로 기억합니다. 한국에서 그가 지도적인 위치에 서서 활약할 것이라고들 했는데 과연 기대대로 일인자로서 발군의 업적을 쌓고 있다고 봅니다. 이번에 작품 30점을 전시하게 됩니다. 부디 많은 분들의 좋은 비평을 기대합니다."[5]

그렇게 은사가 전시회에 힘을 얹어 주고 학교 내에서도 일자리를 알아봐 주었다. 참으로 오랜만에 받아 보는 따뜻한 정이었다. 서울에서는 한 번도 받아 보지 못한 응원이었고 생각조차 할 수 없었던 비빌 언덕이었다. 권진규는 감사했다. 기대도 한껏 걸었다. 그러나 그에게 태풍처럼 거세게 몰아치고 있던 세파는 결코 물러설 줄 몰랐다.

　당시 무사시노미술대학은 다카노다이鷹の臺 신 캠퍼스로 옮기는 상황이었다. 전 학년에 걸쳐 학과 통폐합이 추진되었고 이에 따른 대학 측과 학생자치회 간의 대립이 고조되어 갔다. 급기야 이듬해에 대학 휴교 및 봉쇄 조치가 내려지게 되었다. 그 와중에 권진규의 비상근 강사 채용 건은 보류되고 말았다.

　매 앞에 장사 없다. 궁핍과 박대 앞에 장사 없다. 권진규는 살기 위해, 살아남기 위해 서울 탈출을 원했다. 평생 않던 청탁도 했다. 하지만 눈앞에 다가온 것처럼 보였던 비상구는 그렇게 끝내 그를 외면했다. 세상을 떠날 때까지 그는 서울살이를 이어갈 수밖에 없었다. 운명이었다.

가을 마당

여섯

〈손〉, 솜씨를 다해 혼을 빚음

1. 그는 손으로 말을 건네는 '장이'였다

전시회는 예술가에게 매우 중요한 자리이다. 작품
은 아틀리에에서 만들어질 뿐 그곳에서 완성되지 않
는다. 관람자와 만날 때 비로소 완성의 순간을 맞는
다. 관람자 한 사람, 한 사람과 만나면서 완성된 모습
의 작품이 되며 만남의 순간마다 다른 모습으로 변신
한다. 관람자가 같은 사람이 아니기 때문이다. 1년 후,
10년 후 똑같은 작품을 전시하더라도 세상에 똑같은
전시회는 없다. 오늘과 1년 후, 10년 후 똑같은 작품
은 세상에 없다. 관람하는 사람이 같은 존재가 아니기
때문이다. 같은 사람이라도 1년 후, 10년 후 그는 오

늘의 그가 아니기 때문이다. 그래서 똑같은 작품으로
라도 전시회를 여는 것이며, 또 열어야 하는 것이 아
닌가 한다.

예술가는 작품을 만드는 자이다. 만든 작품으로 전
시회에서 관람자에게 말을 거는 자이다. 화자話者이
다. 관람자는 작품을 보는 자이다. 작가가 거는 말을
들으러 온 청자聽者이고 들은 말을 되새김질하는 독자
讀者이다. 그렇게 예술 작품은 전시회에서 작가와 관
람자 사이의 대화로 완성된다. 같은 작품이라도 대화
는 천차만별이다. 독자의 눈에 달렸다. 비평 혹은 해
설이란 이 대화를 돕는 행위이다. 작가가 작품의 저자
author라면 관람자와 해설자는 작품을 함께 완성해 가
는 공동 작업자collaborator라고 할 수 있다.

이 공동 작업, 컬래버를 보는 시각은 예술가에 따라
천차만별이다. 어떤 시각은 매우 실험적이며 전위적
이다. 이와 상반되게 매우 진지하며 고전적인 시각도
엄존한다. 우리나라 근·현대 예술가 가운데 전자의
예를 들어보자.

단연코 세계적 비디오 아티스트 백남준1932-2006이
대표적 존재가 아닐까. 그는 20세기 현대 음악계와 미
술계에서 '문화 테러리스트'를 자처했다. 무릇 기성旣
成은 그에게 파괴되어야 할 어떤 것이었다. 예술은 고

상하며 품격 높은 것이 아니다. 비즈니스처럼 소비자에게 상품을 파는 행위인데 좀 특별한 상품을 특별하게 파는 상술을 지녔을 뿐이다. 1984년 벽두 전 세계 주요국들에 동시 방영된 인공위성 TV 프로그램 〈굿모닝 미스터 오웰Good Morning, Mr. Orwell〉을 통해 세계적 예술가 반열에 오른 그는 그해 6월, 35년 만에 귀국하는 자리에서 자신의 예술관을 이렇게 밝혔다.

> "전위 예술은 한마디로 신화를 파는 예술이지요. 자유를 위한 자유의 추구이며, 무목적한 실험이기도 합니다. 규칙이 없는 게임이기 때문에 객관적 평가란 힘들지요. 어느 시대건 예술가는 자동차로 달린다면 대중은 버스로 가는 속도입니다. 원래 예술이란 반이 사기입니다. 속이고 속는 거지요. 사기 중에서도 고등 사기입니다. 대중을 얼떨떨하게 만드는 것이 예술입니다."[1]

한마디로 예술이란 눈속임이라는 이야기다. 많은 것을 함축하고 있는 언급이다. 한편으로 가벼운 풍자이기도 하고 다른 한편으로 묵직한 계시이기도 하다. 그는 비평가는 물론 관람자도 그리 신뢰하지 않는다. 전혀 없는 것은 아닐지라도 그들과의 컬래버도 그리 기대하지 않는다. 그들과 예술가는 같은 급의 대화자가 아니다. 그들은 버스라는 단체 이동 수단으로 가며 예술가는 승용차라는 나 홀로 이동 수단으로 앞서 달리는 자이다. 둘 사이의 대화는 속이는 자와 속는 자 간 속임의 게임이 되며 그게 예술이라는 것이다.

권진규는 그런 전위적 예술관과 대척적인 지점에 있는 사람이다. 직선적 성품을 지닌 그는 풍자의 날이 어떻게 생겼는지조차 모른다. 소박한 성정을 지닌 그에게 계시의 봉棒을 쥔다는 것은 더더욱 꿈꾸지도 못할 일이다. 다만 그는 고래古來로 사람들이 만들고 즐겨온 예술을 사랑하고 신뢰했다. 그런 고래의 전통에 대해 백남준이 '테러리스트'였다면 권진규는 '사도'라고 할 수 있었다. 생애 내내 그는 파묻힌 전통의 맥을 캐내고 새롭게 잇고자 한 충직한 사도이고자 했다.

먼 옛날, 기원전 3만 년인가, 2만 년인가. 사람들이 산 중턱에 있는 알타미라 동굴 입구 쪽에 토굴을 짓고 모여 살았다. 그 가운데 눈썰미 있고 손재주 있는 자들이 1만 년여에 걸쳐 동굴 안 깊숙이 드나들며 들소며 사슴이며 말이며 멧돼지 등을 그리고 덧칠하고 또 그렸다. 핸드 프린트hand print로 무엇인가를 상징하는 이모티콘emoticon도 남겼다.

권진규는 그렇게 손으로 무엇인가를 만들며 세운 인간의 예술을 누구보다도 사랑한 사람이었다. 그러한 예술의 혼을 오늘에 되살려 보고자 했다. 전통 예맥을 마침 자신이 태어나 머물고 있는 한반도 현대의 동굴 안에서 자기 방식으로 재현하고자 했다. 솜씨를 다하여 선을 그리고 형상을 만들어 색을 입혔다. 그렇게 새롭게 예술의 가지를 치며 오랜 예술의 맥을 이어가고자 했던 예술가였다.

아니 그 스스로는 예술가라고 하지 않았다. '장이'라고 불리는 사람들이 있다. '무엇'에 관련된 기술을 가지고 있는 사람을 말한다. 새 영화를 개봉할 때면 영화관 앞에 영화의 한 장면을 그린 간판이 걸렸다. 그 간판을 그리는 사람을 '간판장이'라고 했다. 집을 짓거나 고칠 때 흙이나 시멘트 따위를 바르는 일을 업으로 하는 사람은 '미장이'라고 했다. 더 옛날엔 이장 泥匠이라고 불렸다. 그밖에 옹기장이, 양복장이, 구두장이 등등 무릇 '장이'들은 하나같이 좋은 눈썰미에 솜씨 있는 손을 가졌다. 알타미라 동굴 벽화를 남긴 이들의 혼을 이어받은 사람들이다.

권진규는 스스로를 그런 '장이'라고 했다. "(나는) 조각가가 아니라 장인이다."[2] 그렇게 말하면서 그는 자신이 지닌 '장인'의 손을 대견스럽게 바라보고 자랑스러워했던 사람이다. 그의 손은 어떤 손이었는가. 어느 날 그는 제자들에게 그리고 세상을 향해 이렇게 말했다.

"서구의 조각은 그들 집단의 골수에 뿌리 박힌 전반적인 사상·생활 감정·전통 속에 집약된 것이다. 그들의 새로운 조형 이념은 그 거대한 전통을 바탕으로 해서 나온 것이다. 우리들이 자신의 문화에 대한 탐구 없이 그들이 지향한 조형 사고 속에 우리의 조형 행위에 초점을 맞춘다면 우리는 영원히 그들의 뒤만 쫓는 자기 상실자가 되고 말 것이다."[3]

권진규는 일찍이 자기류의 예술을 위해 '탈바꿈'을 감행했던 사람이다. 고된 서울살이를 감내해 가고 있는 것도 그런 자기류의 예술혼을 그만큼 사랑하기 때문이다. 예술의 길을 걷고자 하는 이들에게 '자기의 손'을 강조한 것은 너무도 당연한 일이었다. 그가 볼 때, 그것이 예술인으로서 이 세상을 살아가는 방식인 거니까.

두 번째, 그가 지닌 '장이'의 손은 '성실한 손'이었다. '성실하다'는 말은 흔히 쓰고 듣는 말이다. 문자 그대로 '정성스럽고 참되다'는 뜻이다. 오늘의 세태는 이와 한참 다른 듯하다. 나날이 성실한 사람들이 줄어들고 있는 듯하다. 세상살이에 요령보다 도움이 되지 않는 덕목이 되고 말았기 때문이 아닐까 싶다. 그래도 스승 권진규는 제자들에게 '성실한 손'을 보여 주었다. 이 대목에서도 그는 "예술가는 좀 게을러야 해. 그

래야 이것저것 궁리할 시간이 많지."⁴라고 했던 백남
준과 많이 달랐다.

한 걸음 더 나아가 권진규는 예술의 길을 걷고자 하
는 이들에게 천착을 이야기했다. 예술은 얼렁뚱땅하
는 것이 아니었다. 확실하게 알았다는 생각이 들 때까
지 파고들어야 하는 것이었다. 그는 작품 메모에서 자
신에게 다짐하듯 다음과 같은 글을 남겨 놓았다.

> "지난날의 위대한 예술가들은 결코 영감 같은 것으로 일
> 하지는 않았다. 강한 인내로 끊임없이 자기 주변의 자연을
> 관찰, 연구하여 재현의 노력을 곰곰이 계속함으로써 비로
> 소 그와 같은 영원한 미美의 전당을 쌓아 올릴 수 있었다."⁵

그는 그렇게 천착하는 손으로 작품 제작에 임했으
며 작업에 들어가면 무엇 하나 허투루 하는 법이 없었
다. 그에게 무릇 일이란 대충 설렁설렁하는 것이 아니
었다. 큰 작품이든 작은 작품이든 하나에서 끝까지 정
성을 들여 일하는 게 예술 작업의 본령이었다. 권진규
는 이를 학교에서 제자들과 함께 작업을 하면서 몸소
실천했고 제자들은 스승의 그러한 모습을 보고 스스
로 깨달아 갔다. 홍익대학교 조각과 학생이었던 김광
진의 증언이다.

"조각과 실기실 모델대 한쪽 편에서 가끔 선생님은 조그마한 모형 작품을 제작하곤 하셨는데, 소품을 대작 제작하듯 힘을 기울이시는 것을 보고 많은 느낌을 받았다. 선생님의 토우 크기만 한 소상塑像의 모형 작품들이 양감 있고 밀도가 꽉 찬 커다란 형태로 다가옴은 그의 그러한 마음 자세에서 비롯된 것이 아니었을까.

선생님의 관점에서 본 우리들의 제작 태도는 너무 엉성하였으리라 생각된다. 두상 한 점 석고 취형을 하는 데 선생님은 혼자서 사흘 걸리는데 우리들은 반나절이면 끝마치고 손을 씻었으니 부실한 작업이 안될 리 만무했다. 수정을 거의 용납하지 않는 그의 석고 취형 방법은 우리의 허술한 판잣집 같은 제작 태도가 크게 잘못되었음을 깨닫게 해 주었다."[6]

권진규는 1971년 12월 명동화랑에서 그의 세 번째 개인전을 갖게 된다. 그 6개월 전 동선동 아틀리에에서 한 신문과 인터뷰를 했다. 기자가 물었다. "(남들이) 좀체 하지 않는 '테라코타'를 하시고 가마도 가지고 계신데?" 그가 답했다.

"돌도 썩고 브론즈도 썩으나 고대의 부장품副葬品이었던 테라코타는 아이러니하게도 잘 썩지 않습니다. 세계 최고의 테라코타는 1만 년 전의 것이 있지요. 작가로서 재미있다면 불장난에서 오는 우연성을 작품에서 기대할 수

있다는 점과 브론즈 같이 결정적인 순간에 딴 사람(끝손
질하는 기술자)에게로 가는 게 없다는 점입니다."[7]

　그랬다. 그는 자신이 만드는 작품의 끝을 보고 싶
었다. 끝까지 매조져야 비로소 그것이 자신의 작품이
라고 생각했다. 2020년 초여름, 가수 출신의 작가가
작품 아이디어를 내고 화가 조수가 그린 작품에 대한
'대작 혐의'가 대법원에서 최종 무죄 판결을 받았다.
아이디어만 냈을지라도 작품의 작가로 인정받기에
이른 것이다. 미술 작품에 대한 이런 최근의 인식은
권진규의 예술관을 고전적이다 못해 사뭇 고루한 것
으로 만든다. 하지만 그렇다고 그가 작금의 세태를 한
탄할 것 같지는 않다.
　그에게 보통 사람들, 민중은 예술 작품이라는 돛배
가 떠 있는 바다와도 같기 때문이다. 그는 지금 설혹
순풍을 못 받고 있다 해도, 썰물에 밀려 나간다 해도
언젠가는 순풍이 불고 다시 밀물이 올 것을 믿었다.
그런 굳은 믿음을 그는 작품 메모 한구석에 남겼다.

　"걸작이란 필연적으로 오직 본질만 남기고 있는 아주 단
　순한 것이다. 모든 걸작은 만일 민중이 단순單純의 정신을
　잃고 있지 않는 한 당연히 그 민중에게 향수될 것이다. 만
　일 설사 민중이 이해의 능력을 잃고 있다 하더라도 걸작

을 착상하고 창조할 수 있기 위하여 예술가는 민중의 감
정과 얼을 가지고 살지 않으면 아니 된다."[8]

그랬다. 마지막 세 번째, 권진규가 지닌 '장이'의 손
은 그렇게 '신뢰하는 손'이었다. 이 점에서도 예술가
는 자동차로 달리고, 대중은 버스로 간다며 양자 간
소통을 별로 기대하지 않았던 백남준과 사뭇 달랐다.
권진규는 보통 사람들의 속도를 존중하고 신뢰했다.
그에게 예술 작품이란 대중을 상대로 벌이는 게임 같
은 '사기'가 아니라 그들과의 진지한 '대화' 속에 완성
되는 것이었다. 그 대화에 성공하기 위해 설혹 낼 수
있는 속도가 다를지라도 예술가는 승용차가 아니라
버스와 함께 가야 하는 것이었다. 버스 안에서 가슴에
민중의 감정을 안고 머리에 민중의 얼을 올리고 함께
가야 하는 것이었다. 그렇듯 예술 작품이란 모름지기
'자기의 손', '성실한 손'에 더하여 '신뢰하는 손'으로
빚어야 하는 것이었다.

2. 그는 '장이'의 손으로 〈손〉을 만들었다

권진규의 아틀리에에 가을이 들었다. 지난여름 니

혼바시 화랑에서 자못 성공적인 전시를 마치고 모교를 찾아가 스승도 뵙고 일자리도 청해 놓았다. 희망이 없지 않았다. 2주 남짓 학교 후배 아카오기 겐지의 집에 머물렀다. 거의 10년 만의 안식이었다. 엔도르핀이 돌았다. 서울 집에 돌아오자마자 그는 다시 작품 제작에 몰두했다.

제자들을 모델로 여성 흉상 몇 점을 제작했다. 그 가운데는 제자의 친구인 신인 소설가 신예선을 모델로 한 〈예선〉도 있었다. 그러면서 권진규는 무사시노미술대학 은사 시미즈 다카시에게 편지를 썼다. 신청해 둔 학교 강사 자리가 자신에게 매우 간절하니 힘을 써 주십사 하는 간청의 편지였다. 그에게서 일찍이 볼 수 없었던 매우 적극적인 생업 활동이었다. 그런 일상의 활기 속에 권진규는 이미 오래전 머릿속 구상을 마치고 이제나저제나 벼르고 별러 오던 작품에 착수했다. 〈손〉(사진 1)이었다.

때는 아직 무사시노미술대학 비상근 강사 자리가 무산되기 전이었다. 가슴이 두 팔을 펴고 희망을 맞을 준비를 하듯 권진규의 〈손〉은 손뼉을 한껏 펴고 있다. 팔다리를 밖으로 죽 펴는 동작을 외전外轉 혹은 벌림이라고 하고 그때 쓰이는 근육을 외전근(벌림근)이라고 한다. 안으로 꽉 붙이는 동작을 내전內轉이라고 하

〈사진 1〉〈손〉, 1968년, 테라코타, 51.0×29.0×15.0cm. 국립현대미술관 소장.

고 그때 쓰이는 근육을 내전근(모음근)이라고 한다. 손의 경우 외전근은 손가락을 펴는 데 쓰이며 내전근은 손가락을 붙이는 데 쓰인다.

작품 〈손〉의 손뼈이 만들어낸 형상을 보면 손의 외전근과 내전근이 매우 발달해 있음을 알 수 있다(사진 2). 손목에서 엄지에 이르는 부위, 새끼손가락에 이르는 손날 부위 그리고 검지, 중지, 약지를 모아 감싸는 부위의 근육이 두툼하게 발달해 있다. 손바닥 가운데가 폭 들어가 보일 정도이다. 엄지로 보아 〈손〉의 손톱들은 모두 갈큇발같이 뭉툭하게 닳아 있다(사진 3).

그것은 과연 노동을 많이 한 '장인'의 손이었다. 〈손〉은 〈손〉을 만든 그의 손을 그대로 재현해 낸 것이었다. 작가는 장인匠人의 혼이 서려 있는, 자기류가 있는 '자기의 손', 작업 전 과정을 끝까지 정성을 다해 참되게 일하는 '성실한 손', 그리고 대화로써 자신의 작품을 완성해 줄 관람자를 기약 없이 '신뢰하는 손'으로 〈손〉을 제작한 것이었다. 그렇게 〈손〉은 권진규 특유의 예술혼을 간직하고 있다. 그런 의미에서 〈손〉은 〈지원의 얼굴〉에 버금가는, 아니 어쩌면 그에 앞세울 만한 권진규의 대표작이 아닐까 싶다.

〈사진 2〉〈손〉, 1968년.

〈사진 3〉〈손〉, 1968년.

3. 리스트에 〈손〉이 있었다

그로부터 3년 후, 1971년 겨울 권진규는 명동화랑 개관 1주년 기념 초대전《권진규》전을 갖는다. 그의 생애 세 번째 개인전이자 마지막 전시회였다. 전시회에는 테라코타 24점, 건칠로 만든 불상 11점, 석조 3점 등 모두 38점이 출품되었다. 그중에 〈손〉이 있었다.

명동화랑 대표 김문호는 전시회의 성공을 위해 혼신의 힘을 기울였다. 전시 6개월 전부터 언론 인터뷰도 주선하고 작가의 생활비도 지원했다. 개막식에 당시 한국 미술계를 대표하는 인사들을 대거 초청했다. 화가 남관, 김비함, 박득순, 김종학, 박서보, 천경자 등과 조각가로는 김영중, 김세중, 김정숙 등이 그리고 건축가 김수근과 고려대학교 박물관 학예사 이규호, 미술평론가 유준상 등이 자리를 함께했다. 그러나 전시회의 결과는 참담했다. 제값 받고 판 작품이 하나도 없었다.

〈손〉도 물론 팔리지 않았다. 그러나 동선동 아틀리에에서 나간 〈손〉은 다시 돌아오지 않았다. 다른 작품들과 함께 명동화랑 수장고로 옮겨졌다. 화랑 대표 김문호와 권진규 사이의 인간적 신뢰 관계가 깊었던 만큼 팔리는 대로 대금을 받기로 하고 일단 보관을 맡겼던 것으로 보인다. 그렇게 맡긴 작품 수가 얼마나 되었는지는 알 길이 없다.

그 작품들이 대부분 1974년 명동화랑에서 열린 《권진규 제1주기 추모전》에 출품되었을 것으로 짐작된다. 그때 나왔다가 〈손〉은 다시 수장고로 돌아갔다. 그리고 1년 후 임자를 만나게 된다. 조선일보 편집국장을 지내고 후에 대우전자 사장을 역임하는 김용원은 우리나라의 안목 높은 1세대 컬렉터였다. 그는 권진규 작품의 진가를 알아본 최초의 애호가였다. 〈지원의 얼굴〉, 〈말〉, 〈고양이〉 등 권진규의 대표적 작품들을 다수 소장하고 있었던 그는 〈손〉을 소장하기 위해 주위에 두루 알아보았다. 1년 가까운 수소문 끝에 드디어 찾았다. 이제는 나이 여든 중반이 넘은 노신사 김용원은 그 순간을 이렇게 술회한다.

> "(명동화랑) 김문호 사장이 내 사무실로 〈손〉을 들고 들어왔다. 작품을 펴보는 순간 나는 숨이 멎는 듯했다. 김문호 사장은 나에게 오히려 작품을 사 주어 고맙다는 말을 거듭거듭 했다. 작은 옛 소반에 소박한 조선조 백자 술병과 술잔 하나까지 선물로 싸 가지고 왔다."[9]

간절히 원하던 작품을 접한 애호가의 가슴이 희열

에 저미고 있다. 당시 권진규 작품이 시장에서 받고 있던 대우도 엿보인다. 그렇게 알아주지 않던 권진규의 작품을 김용원은 소중히 간직했다. 1988년 호암갤러리에서 《권진규 15주기 회고전》이 열렸다. 갤러리 측의 요청에 기꺼이 소장품들을 모두 출품하였다. 〈손〉을 비롯하여 테라코타, 건칠, 부조, 유화 등에 걸쳐 160여 점이 출품된 전시회는 대성황을 이루었다. 언젠가는 오리라고 생전에 그가 '신뢰'했던 관람자들이 모여들었다. 7만 명이 넘었다. 회고전은 전시 기일을 한 달 넘게 연장해야 했다. 평생의 연인 도모도 서울에 와서 회고전을 함께했다. 그는 눈물을 애써 감추며 권진규를 회고했다.

"(그가) 자살했다는 통보를 받은 날 밤새도록 미친 듯이 밤거리를 헤매면서 후회했다. (1959년 귀국 시) 함께 따라나서지 못한 게 한스럽다. 예술인으로나 남편으로나 기막힐 정도로 멋진 사나이였다. 그의 작품을 바라보고 있으면 그의 고결한 정신이 살아 움직이는 듯하다. 비록 한국에서 불운하게 생을 마감했다 하더라도 사후 제대로 평가 받고 있으므로 그의 혼이 있다면 만족해할 것이다."[10]

15주기 회고전이 끝나고 얼마 후 김용원은 대우그

룹을 떠나 개인 출판 사업을 한다. 1990년대 초 김용원은 권진규의 누이 경숙으로부터 연락을 받는다. 도모가 복제품으로라도 〈손〉을 꼭 간직하고 싶어 하니 작품을 빌려 달라, 그러면 몇 점 복제해 나누어 소장하고자 한다는 제안이었다. 김용원은 흔쾌히 승낙했다. 권경숙은 작품을 들고 일본으로 건너가 무사시노 미술대학 출신 작가 다카노 히로시高野寬에게 작품 복제를 의뢰했다. 그렇게 해서 〈손〉의 복제품 브론즈 석 점과 테라코타 한 점이 만들어졌고 소장자 김용원, 도모 그리고 권경숙이 브론즈 한 점씩을 소장하게 되었다. 〈손〉의 브론즈 복제품은 매우 잘 만들어졌다. 테라코타 원본과 함께 브론즈 작품을 받아 든 김용원은 "테라코타 원본보다 더 강렬하게 어필했다."[11]라며 만족해했다.

이후 〈손〉의 소장자는 바뀐다. 최초 소장자 김용원이 연 출판사에 돈이 계속 들어가고 사무실도 넓혀야 할 상황이었다. 가나아트갤러리 측에서 조심스레 권진규 작품의 구매 의사를 전해 왔다. 며칠 많은 고민 끝에 결국 작품을 넘기기로 했다. 그때의 심경을 애호가는 이렇게 적고 있다.

"작품들을 떠나보낸 후 나는 말할 수 없이 허전했다. 잊으려고 술도 마시고 했지만 아쉬움을 잠재울 수가 없었다. 일생일대 실수한 것 같은 회한에 답답할 뿐이었다. 다만 남들이 모를 때 일찍이 권진규 조각이 마음에 들어 한점 한점 찾아다니며 모을 때의 기쁨과 보람, 그 수집 과정을 소중하게 기억하는 것으로 자위 삼을 수밖에 없었다. 권진규의 혼, 작가 정신과의 교감이 아직도 내 가슴속 깊은 곳에서는 울리고 있다."[12]

그런 순수하고 절절한 애호의 사연은 이후에도 〈손〉과 함께했다. 〈손〉을 소장하게 된 가나아트갤러리는 상업 화랑임에도 불구하고 수지 타산을 떠나 2003년 8월 28일부터 9월 15일까지 인사아트센터에서 《권진규 30주기》전을 열었다. 그 이후 〈손〉은 한동안 종적이 묘연하다가 2009년 다시 자신의 존재를 알린다. 그해 10월 10일부터 2개월 가까이 일본에서 먼저 열리고 12월 말부터 다음 해 2월 말까지 국립현대미술관 덕수궁관에서 열린 《권진규전》에 비록 부득이한 사정으로 전시되지는 못했으나 도록에 권진규의 주요 작품으로 소개되었다.

그때 〈손〉은 더 이상 화랑이 아닌 개인 소장이었다. 소장자의 의사에 따라 도록에 특정되지는 않았으나 그때 그 개인이 누구인지 미술계에 알려지게 되었다. 그리고 다시 10년이 넘는 세월이 흘렀다.

2021년 작년 5월이었다. 삼성가가 마침내 이건희 컬렉션 작품을 국가에 기증하기로 하고 1,488점을 국립현대미술관에 기증했다. 그 가운데 권진규 작품 30여 점이 포함된 것으로 알려졌다.

궁금했다. 국립현대미술관에서 준비 중이던 《DNA: 한국미술의 어제와 오늘》에 권진규 작품 〈그리스도의 십자가〉[13]와 〈불상〉의 출품을 요청받은 터라 협의할 일이 있었다. 물론 전화로 충분히 되는 사안이었다. 그러나 나는 굳이 찾아갔다. 국립현대미술관 근대미술팀장 김인혜를 만났다. 작품 출품 협의를 뒤로 하고 그에게 숨 가쁘게 물었다. 기증받은 이건희 컬렉션에 권진규의 〈손〉이 포함되어 있는지를. 확인해 보고 오겠다고 그가 잠시 자리를 떴다. 나는 잔에 든 찬물을 벌컥 들이켰다.

그가 돌아왔다. "예. 있습니다." 1966년 중학교 입학시험 때 합격자 발표를 듣는 순간과도 같았다. 너무도 기쁘고 감사했다. 권진규의 〈손〉이 돌아왔단다. 그가 기약 없이 기다리던 민중들과 매일 만날 수 있게 된 것이었다. 그 〈손〉이 지금 국립현대미술관 서울관에서 관람자들을 맞고 있다. 2003년 그의 30주기 추모전 때 출품되어 전시된 이래 거의 20년 만의 일이다. 〈자소상〉 등 다른 작품 다섯 점과 함께 매일 새롭

게 작품이 완성되는 순간을 맞고 있다. 고개를 깊이
숙여 그동안 권진규 작품을 소중히 간직해 온 고인의
명복을 빈다. 그의 뜻을 기려 작품을 기증해 준 삼성
가에 깊은 감사의 마음을 드린다.

일곱

〈자소상〉, 나를 드러내 보임

1. 왜 '나'를 그리며 만드는 걸까

스승과 제자가 있었다. 스승은 사대부 가문이었고 제자는 중인 출신이었다. 스승은 제자에 대해 말했다.

> "고금의 화가들은 한 가지 재능만 뛸쳤고, 겸한 사람은 아직 없다. 김 군 사능은 근래 우리나라에 나서 어려서부 터 그림을 배워 못 그리는 것이 없었으니, (…) 대개 그림 은 전해 오는 작품을 따라서 배우고 익히며, 노력하여 비 로소 비슷하게 되는 것인데, 창의創意를 홀로 얻어 자연의 조화를 교묘히 빼앗는데 이르렀으니, 어찌 하늘이 내린 기이함이 아니며, 세속을 뛰어넘는 것이 아니겠는가?"[1]

일찍이 스승으로부터 그런 평가를 받은 제자가 또 있었을까.

스승은 1791년 78세의 일기로 세상을 떠났다. 그때 제자 나이 46세였다. 생전 스승은 서른 살 넘게 차이 나는 제자와의 교유交遊를 이렇게 말했다. "군과 나는 비록 나이와 지위를 잊고 사귄다 해도 될 것이다."[2] 요즘에야 더러 있겠으나 그 옛날 제자를 그같이 예우한 스승이 다시 있었을까.

스승은 조정의 고위직을 지낸 문신, 표암豹菴 강세황1713-1791이었다. 당대 최고의 서화가이기도 했던 그는 7, 8세 때부터 자기 집을 드나든 신동에게 서화를 가르쳤다. 나이가 차자 도화서에 추천하여 화원의 길을 걷게 해 주었다. 훗날 조선 최고의 화선畵仙으로 이름을 떨치는 단원檀園 김홍도1745-1806?였다. 가히 청출어람이었다.

그런 단원이지만 스승과 감히 비견할 수 없는 것이 있었다. 다름 아닌 자화상이다. 김홍도에겐 자화상이 없다. 〈선비〉라는 그림에 나오는 인물이 김홍도라는 추측이 있을 뿐이다.

반면 시詩·서書·화畵에 모두 뛰어나 삼절三絶이라 불렸던 강세황은 자화상을 여러 점 남겼다. 1766년 그의 나이 쉰셋에 쓴 『표옹자지豹翁自誌』에 그는 자신의 얼굴을 그려 넣었다. 이후 그린 자화상은 머리부터 가슴까지 그렸는데 〈자화소조自畵小照〉라고 화제畵

題를 붙여 놓았다. '자신의 모습을 스스로 비춘다'라고 적어 자화상임을 명료하게 밝힌 것이다. '자화상'의 뜻을 가진 우리나라 최초의 자화상이었다.[3] 고희古稀에 이르러서 그는 자신이 앉아 있는 전신상을 그렸고, 낙관으로써 자신의 작품임을 분명히 했다.[4]

때는 올해로부터 꼭 240년 전, 정조 7년 임인壬寅 해 1782년이었다. 우연의 일치일까. 서구 르네상스기 15-16세기에 처음 자화상이 나왔듯이 우리나라에서도 조선조 르네상스기라 불리는 정조 때 처음 자화상의 뜻을 가진 그림이 나온 것이었다.

자화상의 출현은 예술사에 굵은 획 하나를 긋도록 하는 사건이다. 자화상이 나오기 이전까지 인간의 예술에 의해 재현된 대상은 모두 타자他者였다. 자연이었고 신이었고 다른 사람이었다. 자화상은 타자 아닌 나를 그린 것이다. 자연이 아닌, 신이 아닌, 다른 사람이 아닌, 나를 그림으로써 나의 존재를 드러낸 것이다. 그래서인가. 서구의 경우, 자화상이 처음 나오고 개별 장르로 자리 잡아 간 시기는 별개 개체로서 자의식이 태동하고 이를 발현시켜 온 '근대 개인'의 발전 역사와 대체적으로 부합한다.[5]

철학 사조와 절연된 예술 행위는 없다. 그렇다고 예술 행위가 철학 그 자체와 동일시될 일은 아니다. '나는 누구인가'라는 자아에 대한 사색적 탐구는 본디 철학의 영역이다. 예술은 다른 영역의 것이다. 예술가는 대상을 보고, 본 대상을 사실적으로 혹은 분석적으로 재현해 내는 데 능하다. 그럼으로써 감상자를 철학자로 만드는 신묘한 힘을 발휘하기도 한다.

자화상 속에서 작가는 '나는 누구인가'를 묻지 않는다. 자화상은 철학적 탐구가 아니라 실존적 행위의 표상이다. 예술가가 자화상을 그릴 때는 '나는 누구인가'를 물어서 이미 자기가 누구인지를 파악한 때이다. 자화상은 자기 스스로 파악한 자신을 드러내 보여 준다. '나는 누구?'라고 묻고 있는 것이 아니라 '나는 이런 누구'라고 자신의 정체나 모습을 스스로 드러내 보이는 것이다. 자서전이 '나'를 기술하여 '나'를 드러내는 것처럼 자화상은 '나'를 그림으로써 '나'를 드러내 보이는 것이다. 왜 나를 드러내 보이려고 하는 걸까.

아마도 기리기 위해서이리라. 힘든 삶의 여정을 꿋꿋하게 이어온, 이어가는 '나'에 대한 오마주이리라. 자화상은 손 솜씨만으로 그려지지 않는다. 기본적으로 나에 대한 긍지가 있어야 한다. 그러면서도 지나침이 없어야 한다. 자화상은 위장이 아니다. 자기 폭로 self-revelation이다. 있는 그대로 정직하게 자기를 드러내는 것이다.

그렇기에 자화상은 자기를 객관화self-objectification해서 볼 줄 아는 눈이 있어야 한다. 자긍의 마음에 자기 객관화의 눈으로 그려진 자화상 앞에서 우리는 엄숙한 대화의 순간을 맞는다. 거기에서 기대 밖, 망외望外의 소득을 얻기도 한다. 자화상은 우리 스스로 '나는 누구인가'라고 자문하게 하기도 하고 힘든 일상을 살아가는 우리에게 따뜻한 위로의 말을 건네기도 한다.[6]

강세황의 자화상이 바로 그랬다. 그는 본디 출사出仕, 벼슬을 하여 관청에 출근하는 일에 뜻이 없었던 사람이다. 마음으로 뜻을 알아주는 지심우知心友 허필 그리고 성호星湖 이익, 심사정 등과 교분이 두터웠는데 모두 시·서·화에 공부가 깊은 재야 문화계 인사들이었다. 그런데 그는 나이 예순에 이르러 덜컥 영조에 의해 발탁되어 벼슬길에 오르게 된다. 이후 세상을 떠나기까지 18년간 영·정조 두 임금의 총애를 받으며 왕조에 종사한다. 벼슬이 한성부 판윤까지 이르렀고 1785년에는 72세의 노구를 이끌고 청나라 건륭제 즉위 50주년 축하 천수연에 파견된 사행단의 부사副使로 북경을 다녀오게 된다.

〈강세황자필본〉(사진 1)은 북경에 다녀오기 3년 전에 그린 것이다. 사회적으로 존경을 받으며 개인적으로 훌륭한 벗들과 제자와 함께하는 가운데 수壽까

彼何人斯鬚眉皓白
頂烏帽披野服於以
見心山林而名朝籍
胸藏二酉華搖五嶽
人那得知我自為樂
翁年七十翁號露竹
其真自寫其贊自作
歲在玄黓攝提格

(사진 1) 강세황, 〈강세황자필본〉, 1782년, 비단에 채색, 88.7×51.0cm. 진주강씨 백각공파 종친회 소장. 문화재청 제공.

지 길게 누리는 삶을 살아온 노옹이 자신의 고희 때 스스로를 그리고, 스스로에게 찬贊을 친 것이다. 은근히 그려 넣은 해학이겠으나 대번 눈에 들어온다. 벼슬아치가 관복을 입을 때 머리에 쓰는 사모紗帽를 썼으나 옷은 평복을 입었다. 본디 출세보다는 예藝의 학에 뜻을 두었고 생애 대부분을 예의 업에 종사해 왔던 자신을 자랑스럽게 여기며 드러낸 것이리라.

눈 주위에 난 다크서클 하며, 입 주위에 난 깊은 주름살을 정성 들여 그렸다. 길게 자란 흰 수염은 한 올이라도 빠질세라 세밀하게 그려 넣었다. 긴 세월을 대과 없이 건강하게 살아온 자신이 참으로 대견스럽지 않았겠는가. 또한 습속習俗에 물들지 아니하고 나를 지켜 왔으니 가히 이슬을 머금은 대나무, 노죽露竹이라 일컬을 만하지 않겠냐며 240년을 훌쩍 건너 우리에게 말을 건네고 있다.

참으로 아쉽고 안타까운 일이다. 예술인으로서 사는 자긍의 표상인 자화상이 비로소 나왔으나 후대에 바로 맥을 잇지 못했다. 1910년대가 되어서야 겨우 그 맥이 되살아난다. 우리나라 1세대 서양화가 고희동이 캔버스에 유채로 두 점의 〈자화상〉을 그렸다. 하나는 연도 미상이고 다른 하나는 1915년도 작이다. 이어서 김관호1916, 이종우1923, 이제창1926, 도상봉1927

의 자화상이 나오고 1947-1948년 제작된 이쾌대의 〈두루마기를 입은 자화상〉이 나온다.[7] 이 작품을 강세황의 〈강세황자필본〉과 나란히 걸어놓고 감상하면 어떨까. 각각의 자화상을 볼 때 느낄 수 없는 새로운 감흥을 얻을 수 있지 않을까 싶다.

그런 전시를 기획하게 될 큐레이터에게 미리 주문을 넣어 놓자. 강세황·이쾌대의 자화상 전시 때 나혜석의 〈자화상〉을 잊지 말아야 한다. 전시장 가장 넓은 벽면에 이 세 작품을 나란히 걸자. 맨 왼쪽에 강세황, 가운데에 나혜석, 맨 오른쪽에 이쾌대의 자화상을 놓기로 하자. 마침 크기도 엇비슷하다. 벌써 그 전시가 기다려진다.

회화의 '자화상' 아닌 조소의 '자소상'('자각상' 포함한 의미로 씀)은 한참을 더 기다려야 했다. 1953년의 권진규를 기다려야 했다.

2. 그는 '실존하는 나'에 감사했다

권진규는 여인상을 유난히 많이 남겼다. 조소 작품 가운데 가장 많다. 그다음이 동물상, 자소상 순이다. 자소상이 20여 점에 이른다. 동시대 조각가는 물론이고 예술가 전체를 통틀어도 압도적으로 많다. 왜 이렇게 많았을까.

그 이유로 세 가지 정도 꼽을 수 있겠다. 첫째 이유로 그의 작품 대부분이 구상 조형이라는 점을 꼽을 수 있겠다. 둘째로는 그가 자긍심과 자기 존중감이 매우 큰 사람이었기 때문이 아닐까 한다. 마지막 셋째로는 경제적 이유도 있지 않았을까 싶다. 구상 조형을 하는 만큼 모델이 꼭 필요하였으나 그는 모델을 구할 돈이 없었다. 그래서 부득이 자기 자신을 모델로 썼을 것이다.

권진규는 1953년 무사시노미술학교를 졸업하던 해 제38회 이과전에 〈기사〉와 〈마두〉 2점, 모두 석 점을 출품하여 특대의 상을 수상하였다. 이과전 특대의 상 수상은 권진규 인생의 일대 전환점이었다. 5년 전인 1948년 일본에 들어올 때 그는 몰래 입국한 밀항자였다. 형 진원의 병이 깊어져 간병차 도일하였으나 형이 결국 일어나지 못하고 세상을 떠났음에도 그는 귀국하지 않았다. 누구에게도 털어놓지 않고 남몰래 가슴에 품은 꿈과 계획이 있었기 때문이었다.

조각가의 꿈이었다. 일본 미술학교에 들어가 조각을 배울 생각이었다. 당시에는 그저 꿈일 뿐이었고 막연한 계획일 뿐이었다. 하지만 그는 기회를 놓치지 않왔다. 형을 간병하면서 틈틈이 미술학원에 다녔다. 이듬해 무사시노미술학교에 입학했고 세계적 대가 부르델의 예맥을 잇고 있는 스승 시미즈 다카시를 만나 열과 성을 다해 수학했다. 그리고 일본에서 제일로 쳐주는 민간 미전에서 최고상을 수상했다. 마침내 자신의 꿈을 이룬 것이었다. 스스로 얼마나 대견하고 자랑스러웠을 것인가.

뿐인가. 그는 동급생보다 7-8년은 나이가 많은 늦깎이였다. 과거 한때 식민지였던 나라에서 유학 온 학생이었다. 그런데도 무사시노미술학교에서 제일 눈에 띄는 미모의 여학생과 만나 캠퍼스 커플이 되었다. 오랜 연애 끝에 동거에 들어가 빈궁했으나 달콤한 신혼생활을 만끽하고 있었다. 활짝 핀 벚꽃의 사랑을 받는 젊은 청년의 얼굴에 어떤 빛이 감돌고 있었을 것인가.

1953년 권진규는 자신의 첫 〈자소상〉을 제작한다. 내가 아는 한, 우리나라 최초의 자소상이기도 하다.

회화인 자화상과 조소인 자소상은 여러 면에서 다르다. 조형물에 볼륨이 있고 없고도 다른 점이나 가장 크게 다른 점은 아마도 시각이 아닌가 한다. 자화상은 평면에 조형된다. 앞이든 옆이든 한 면밖에 조형할 수 없다. 이런 본래적 제약이 마음에 안 들어 파블로 피카소Pablo Picasso 1881-1973는 큐비즘 회화를 선도했던 것 아닌가. 어느 때부터인가 자신의 앞 얼굴에 옆얼굴을 갖다 붙여 입체감을 부여하는, '입체적' 자화상을 그린 것 아닌가.

하지만 큐비즘이라 할지라도 시각의 제약까지 극복할 수 있는 것은 아니다. 캔버스 위에 구현된 평면 조형물이 우리에게 허용하는 시각은 정면 좌우 180도가 최대치이다. 정면에서 똑바로 보는 시각이 0도라면 좌로 90도, 우로 90도에서만 조형물을 볼 수 있다. 이차원二次元에서 제작된 조형이 벗어날 수 없는 기본 속성이자 제약 조건이 되는 것이겠다.

반면 조각은 그 같은 제약에서 자유롭다. 삼차원三次元 조형인 만큼 360도의 시각에서 볼 수 있고 보이게 된다. 모르긴 몰라도 조각가들은 그런 속성을 가진 조형물을 제작한다는 데 대해 내심 매우 큰 자부심을 갖고 있지 않을까 싶다. 그러나 그 점이 다른 한편으로는 작가에게 커다란 부담으로 작용할 것 같다. 앞면뿐 아니라 뒷면까지 빙 둘러 가며 360도 시각에서 완벽해야 하는 것이니 얼마나 지난至難한 작업이겠는가. 설혹 완벽하지 않더라도 최소한 자기 눈에는 들어야 남들 앞에 내놓을 수 있는 것 아닌가.

본디 보는 눈이 까다롭고 높은 권진규였다. 게다가 일본에서는 이미 1900년대 초에 자소상이 나왔는데

〈사진 2〉 〈자소상〉, 1953년, 석고, 27.2×21.0×17.7cm. 도시마 야스마사기념관 소장.

(사진 3) 〈자소상〉, 1953년.

한국 조각계에는 반세기가 흐른 시점이건만 아직 한 점도 없는 상황이었다.[8] 늦어도 한참 늦었으니 그만큼 더 잘 만들어야 하지 않겠나. 그런저런 생각으로 자소 상은 그에게 중압감이 꽤 큰 작업이었으리라.

그래서였을지 모른다. 1953년 권진규의 첫 〈자소 상〉(사진 2 / 3)은 시각의 범주 차원에서 상당히 축소 된 것이었다. 얼굴 마스크였다. 마스크는 측면이 보이 나 측면 전체가 보이는 것은 아니다. 뒷모습은 없다. 마스크이므로 앞면도 가슴과 목으로부터 분리된 얼 굴 형상만 취하면 되었다. 최소한의 형태로, 최소한의 시각이 허락된 자소상이었다. 그러나 당시 그의 얼굴 에 감돌았을 뿌듯함, 생동감 등을 엿보기엔 충분하다. 아마도 그의 가장 행복했던 시절의 얼굴이 아니었을 까. 그 즈음 무사시노미술학교 절친한 친구 센나 히데 오仙名秀雄와 찍은 사진을 함께 보자(사진 4).

이후 권진규는 한동안 자소상을 만들지 않는다. 그 로부터 12년 후에야 다시 만들게 된다. 그 주된 동기 는 무엇보다도 자기를 표현하고자 하는 욕구가 그제 야 가득 차올랐기 때문이겠다. 거기에 다른 남성 모델 을 구할 수 없었던 경제적 이유도 크게 작용했을 듯 싶다.

1965년 신문회관에서 갖게 되는 개인전에 출품하

(사진 4) 센나 히데오와 함께, 1950년대. 오른쪽이 권진규.

기 위해 그는 흉상으로 〈희구〉(사진 5)를 만들었다. 제목에 자소상이라는 명칭이 생략되어 있을 뿐 〈희구〉는 '희구하는 나'를 만든 것이었다. '희구하는 나'는 말 그대로 '희구'를 가슴에 품고 있다. 혹여 품은 '희구'가 조금이라도 다칠세라 커다란 두 손으로 정성스레 가슴을 안고 있다. 긴 목은 가슴으로부터 '희구'를 길게 끌어올리고 있다. 얼굴에, 눈에 '희구'가 가득하다. 아마도 개인전이 성공리에 개최되고 마치게 되기를 희구하였던 것이리라.

그토록 희구했건만 전시는 차가운 냉대 속에 막을 내렸다. '희구'가 빠져나간 가슴이 쓰라렸다. 새해가 오고 또 다른 새해가 왔다. 다행히 소생蘇生의 한 해를 맞았다. 1968년 일본 니혼바시 화랑에서 개인전을 갖게 된 것이다. 그는 열의를 되찾고 많은 작품을 만들었다. 자소상도 만들었다.

아래 (사진 6)는 그때 만든 〈자소상〉이다. 얼굴 양옆에 붙은 귀가 눈길을 끈다. 불현듯 어렸을 때 읽은 『서유기』가 생각난다. 읽으면서 삼장법사에게 답답함을 느낀 적이 한두 번이 아니었다. 고승이라는 분이 저팔계와 죽이 맞아 번번이 요괴의 꾐에 쉽게 넘어간다. 귀가 '팔랑귀'다. 그때마다 주인공 손오공은 죽을 맛이다. 그렇지만 삼장법사는 의지가 굳다. 오로지 서

〈사진 5〉〈희구〉, 1965년, 테라코타, 19.8×16.1×18.6cm. 개인 소장.

(사진 6) 〈자소상〉, 1967년, 테라코타, 34.4×22.0×21.2cm. 국립현대미술관 소장.

(사진 7) 〈자소상〉, 1968년, 테라코타, 19.8×16.1×18.6cm. (사)권진규기념사업회 기증.
서울시립미술관 소장.

천에 도착해 경을 얻어야겠다는 일념뿐이다. 여정 내내 한순간도 그 뜻을 잊거나 포기한 적이 없다.

（사진 6）〈자소상〉의 귀를 뜯어본다. 귀는 보통, 눈 있는 곳에서부터 아래로 붙어 있다. 그런데 〈자소상〉（사진 6）의 귀는 눈이 아니라 콧구멍 부위부터 아래로 걸렸다. 안면에 찰싹 달라붙어 있지 않고 옆으로 벌려 있다. 마치 팔랑거리는 것 같다. 2년 전 실패로 끝난 신문회관 개인전 이후 작가는 이런저런 평에 매우 예민해졌을 것이다. 삼장법사의 '팔랑귀'처럼 누가 이 말 하면 거기에 솔깃하고 누가 저 말 하면 거기에 또 솔깃했던 것 아닐까 싶다.

그래도 〈자소상〉（사진 6）은 고개를 숙이지 않는다. 조금밖에 보이지 않는 가슴이지만 그 안에 새로운 기대를 품고 있는 듯하다. 그는 턱을 들고 있으며 눈은 멀리 보고 있다. 지긋이 다문 입이 그가 아직 포기하지 않았음을 보여 준다. 삼장법사는 서천 천축국에 가서 삼장진경을 기필코 구해야 하겠다는 일념을 포기하지 않았다. 그처럼 작가도 자신이 추구하는 바, 리얼리즘을 반드시 구현해 자기류에 이르고야 말겠다는 의지를 포기하지 않은 듯하다.

〈자소상〉（사진 6）은 다음 해 니혼바시 화랑 전시에 출품되었다. 전시는 일본 언론에서 호평을 받았다. 그

(사진 8) 〈가사를 걸친 자소상〉, 1971년, 테라코타에 채색, 49.0×23.0×30.0cm.
고려대학교박물관 소장.

런 면에서 권진규에게 1968년은 보상報償의 한 해였다. 비교적 높은 평가와 함께 일본에서의 전시를 마침으로써 새로운 삶의 희망을 보았다. 그러나 희망의 시간은 짧았다. 여름에 우거졌던 푸른 잎들이 철이 바뀌자 속절없이 땅에 떨어져 바닥에서 찬 가을비를 맞았다. 모교 무사시노미술학교 비상근 강사 자리를 기대했으나 학교 사정으로 결국 무산되고 만 것이다.

(사진 7) 〈자소상〉은 그즈음에 만든 작품으로 추정된다. 흉상이 아닌 두상으로 제작되었다. 가슴 없이 얼굴만 있다. 마음을 담는 그릇인 가슴이 없는 것이다. 그렇게 〈자소상〉(사진 7)은 가슴에서 솟아오르는 마음, 감정을 끊어 내고 있다. 꽉 막힌 서울살이를 털고 일본에 가서 새 출발을 해 보겠다는 계획이었다. 신청해 놓은 학교 자리가 손에 잡히는 듯했다. 그러나 날아갔다. 서울살이에서 탈출하려는 그의 계획은 결국 수포로 돌아가고 말았다. 하지만 어쩌랴. 서울에서 다시 궁핍한 처지일지라도 생계를 잇고, 냉대 속일지라도 내 길을 뚫어 가야지, 달리 어쩌랴.

그렇게 그는 살아남기 위한 힘겨운 싸움을 목전에 두었다. 싸움에 도움이 되지 않는 것은 눈 감고 쳐내야 했다. 〈자소상〉(사진 7)은 목 아래, 실의로 처진 어깨를 쳐냈다. 아려오는 가슴도 쳐냈다. 정신을 바짝

차려야 했다. 눈을 부릅뜨고 입을 앙다물었다. 마치 적의 진지로 말 타고 달려 들어가는 몽골 전사의 얼굴이다.

해가 갈수록 산사를 찾는 권진규의 발걸음은 잦아졌다. 1970년 늦은 여름, 제자 원수영·서성만과 함께 모처럼 부산 해수욕장에 갔다가 돌아오는 길에 범어사, 통도사, 해인사를 들렀다(사진 9). (사진 8) 〈가사를 걸친 자소상〉은 그 무렵에 만들었다. 5년 전, 1965년에 만든 작품, (사진 5) 〈희구〉와 비교해서 보자.

작가는 변함없이 긴 목을 곧게 세우고 있다. 눈은 형형하다. 얼굴은 예전과 다름없이 자신을 지켜 가고 있는 모습이다. 그런데 가슴 형상이 전혀 다른 모습이다. (사진 5) 〈희구〉는 작품 이름이 시사하듯이 가슴에 품은 바라는 바를 양손으로 조심스레 감싸고 있다. (사진 8) 〈가사를 걸친 자소상〉은 작품명 그대로 가슴에 가사를 걸치고 있다. 5년 전 가슴에 품었던 바람은 마른 지 오래다. 좌절과 실망, 회한과 무기력감 그리고 울화 등이 일고 있다. 그런 자신의 가슴을 그는 가사로 덮고 있는 것이다. 가진 힘만으로는 더 이상 버티기 어려운 지경에 이른 듯하다. 아마도 법력의 힘을 빌려 다스리고 있는 것이리라.

(사진 9) 부산 송정 국궁장에서 활을 당기고 있는 제자 원수영, 송수영과 함께, 1970년.
왼쪽에서 세 번째, 과녁을 지켜 보고 있는 이가 권진규.

3. 그는 '실존하는 나'와 쓸쓸히 헤어졌다

그렇게 삶을 이어온 지 3년의 세월이 흘렀다. 그에게는 긴 시간이었다. 1973년 1월 19일 고려대학교박물관 학예사이자 서양화가인 이규호가 동선동 아틀리에로 찾아왔다.

권진규는 그날도 해마다 겨울이면 꺼내 입는 두꺼운 감색 스웨터 차림이었다. 손님의 눈에 굵은 올로 짠 스웨터가 몹시 무거워 보였다. 얼굴에 병색이 묻어났다. 눈도 다소 퀭한 모습이었다. 손님은 박물관에서 그의 작품을 소장하고자 한다는 뜻을 전하러 온 것이었다. 얼마나 듣기를 고대하고 고대해 왔던 말이었을까. 그러나 권진규는 바로 못 알아들은 듯 어리둥절한 표정을 지었다. 이규호가 다시 말하니 그제서야 환하게 웃었다. 감사하다고 했다. 그 한마디에 일이 잘되기를 바라는 절절함이 배어 있었다.

3일 후 이규호가 다시 방문했다. 박물관장과 함께였다. 그들은 〈마두〉(사진 10)와 〈가사를 걸친 자소상〉를 골라 고려대학교박물관으로 옮겼다. 권진규는 두 작품을 기증한 것이었고 박물관 측은 그에게 사례금으로 15만 원을 건넸다. 지난 3년간 아틀리에에서 매일같이 하루 온종일을 함께 숨 쉬었던 자소상과 그

⟨사진 10⟩ ⟨마두⟩, 1969년, 테라코타, 35.0×57.5×19.0cm. 고려대학교박물관 소장.

렇게 아쉬운 작별을 했다.

2월 초 날씨가 영하 10도 가까이 떨어진 날이었다. 이규호는 아틀리에를 다시 방문했다. 이번에는 서울대학교 공과대학 교수 박혜일과 함께였다. 그는 이규호로부터 권진규 작품 이야기를 듣고 한두 점 구입할까 하여 방문한 것이었다. 작가가 건강이 안 좋다고 하기에 병문안 겸 방문한 것이기도 했다. 작가는 아틀리에에 붙은 작은 골방으로 손님을 안내했다. 따뜻한 아랫목으로 모시고 자기는 윗목에 앉았다. 박혜일은 작가에게 "빨리 건강을 회복하여 작품을 만드셔야지요."라고 걱정의 말을 건넸다. 그는 힘없이 웃으며 "얼마 남지 않았습니다."라고 혼잣말처럼 답했다.

골방에서 나와 박혜일은 소품 두 점을 골랐다. 구입하고자 한다는 뜻을 이야기하고 준비해 간 7만 원이 든 봉투를 건넸다. 권진규는 겸연쩍어하는 손으로 받았다. 받아 든 봉투를 잠깐 머리 앞으로 올렸다. 감사의 표현인 듯했다. 봉투를 탁자에 내려놓으면서 그는 "작가란 작품으로 먹지 않아야 하는데…."라고 말끝을 흐리며 말했다. 작품을 들고 갈 수 있게 꾸러미를 만들어 주면서 그는 "작품이 없어질 때마다 슬프다."라고 말했다.[9]

그해 5월 3일 고려대학교박물관 현대미술실 개설

(사진 11) 니혼바시 화랑 초대전 개막식 때, 1968년 7월 10일. 왼쪽에서 두 번째가 권진규.

(사진 12) 고려대학교박물관 기념전 행사 때, 1973년 5월 3일. 맨 왼쪽이 권진규.

(사진 13) 〈비구니〉, 1970년, 테라코타, 48.0×37.0×20.0cm. 고려대학교박물관 소장.

기념전 오픈 행사가 열렸다. 홀로 점퍼 차림으로 참석한 권진규를 주목해 주는 사람은 없었다. 1968년 일본 니혼바시 화랑 초대전의 개막식 때 정장 차림으로 참석한 인사와 담화를 나누고 있는 권진규와 너무도 비교가 된다(사진 11 / 12).

전시된 권진규 조소 작품은 모두 석 점이었다. 〈마두〉와 〈가사를 걸친 자소상〉 외에 〈비구니〉(사진 13)도 있었다. 〈비구니〉는 박물관 측의 거듭되는 요청을 못 이겨 후에 기증한 것이었다. 권진규는 몇 안 되는 지인들이지만 그곳에서 반갑게 만났다. 좌대 위에서 자신을 맞는 작품 석 점과 하나하나 조용히 눈을 맞추며 남몰래 작별 인사를 나누었다. 그게 자기가 만든 '자소상'과의 마지막 해후였다.

다음날 오후 그는 아틀리에에서 스스로 목숨을 끊었다. 작품 진열대로 올라가는 계단에 유서가 있었다. 누이 앞으로 남긴 것이었다. 크고 두꺼운 종이에 큰 글씨로 이렇게 쓰여 있었다. "경숙에게, 향후의 일을 부탁한다. 적지만 이것으로 후처리를 해 주세요. 화장해 모든 흔적을 지워 주세요."[10] 유서 위에는 돈 30여만 원이 반듯하게 올려져 있었다. 최후에 고려대학교 박물관으로부터 받은 돈 15만 원, 그리고 박혜일에게서 받은 돈 7만 원을 그 안에 고이 펴 둔 것이었다.

여덟

〈십자가 위 그리스도〉,
구원을 기림

1. 세상에 공짜 존엄은 없다

만물엔 각기 존재 이유가 있다. 그렇게 믿는다. 사람이 다른 존재들과 다르다면 왜 사는지, 스스로 존재 이유를 묻기 때문이 아닐까 싶다. 그 생각이 틀리지 않다면 사람이란 무릇 자신의 존재 이유를 묻고 추구하면서 사는 자이다. 그러면서 때로는 존재 이유 때문에 보람을 느끼기도 하고 혹은 그 탓에 좌절을 느끼기도 한다. 그게 인생이다. 사람의 삶이고 죽음이다. 존엄한 삶은 어김없이 존엄한 죽음을 소원한다. 세상에 그 소원이 받아들여지는 삶보다 더 복된 삶은 없겠다.

사람 사는 세상엔 부조리가 적지 않다. 아니 많다. 어쩌면 가득하다. 뒤로 갈수록 진실에 가까울지 모른

다. 부조리는 자비가 없다. 차별도 없다. 누구든 피해
갈 방도가 없다. 그래서 부조리에 대한 태도가 생략된
삶의 철학은 없다. 인생철학은 묻는다. 인간답게 살자
면, 살아남으려면? 그렇다. 부조리에 붙어먹는 게 한
방법이다. 가장 흔한 방법이다. 잘하면 부귀영달을 가
져다주기도 한다. 하지만 존엄까지 보장해 주지는 않
는다. 존엄을 원하면 부조리에 맞서 이겨 가야 한다.
적어도 견뎌 가야 한다. 둘 다 존엄한 삶을 살고 존엄
한 죽음을 맞는 방법이지만 마땅한 고초가 뒤따른다.
세상에 공짜 존엄은 없다.

　부조리는 인간에게 존엄한 삶과 존엄한 죽음을 쉽
게 허락하지 않는다. 궁핍과 배제는 부조리가 자랑하
는 전가의 보도이자 그 양날이다.

　가난이 닥치면 누구든 피해 갈 방도가 없다. 이겨
내든가 견뎌 내야 한다. 예술이 좋아서, 예술이 아니
면 삶이 그다지 행복하지도 보람될 것 같지도 않아서
예술을 업으로 선택한 이들이 있다. 예술가들이다. 그
런데 이들은 예나 지금이나 궁핍의 칼날에 가장 취약
한 층에 속한다. 경제적으로 선진의 문턱을 넘었다 싶
은 지금도 여전히 그들은 궁핍하다. 2018년 우리나라
예술가가 예술 활동으로 번 1인당 연간 소득은 1,300
만 원에 미치지 못한다.[1] 한 달에 110만 원도 안 되는

소득으로 먹고 자고 입으며 예술 활동을 위한 재료비까지 써야 하는 것이다. 2019년 우리나라 국민 1인당 연간 총소득GNI은 3만 3,790달러를 기록했다. 거의 4,000만 원이다. 예전 1970년에는 255달러, 원화로 환산하면 9만 원에 불과했다. 당시 예술가들이 지금보다 얼마나 더 팍팍한 가난을 견뎌야 했을지 짐작하게 해 주고도 남는다.

그랬다. 가난은 당대 사람들 모두에게 피할 수 없는 시련이었다. 국민 대부분이 궁핍한 삶을 살았고 예술가들은 더 궁핍한 삶을 살았다. 권진규만 그런 것이 아니었다. 박수근, 이중섭 등등 우리가 아는 한국 근대 미술의 대가들 대부분이 그러했다. 지금은 예술로 부유한 삶을 누리는 예술가들도 꽤 있다. 그러나 그때는 그렇지 못했다. 알아주는 작가라도 대부분 가난을 견디며 자신의 예술을 추구했고 결국 병고를 얻어 자연스럽게 세상을 떠나갔다. 존엄한 삶이고 존엄한 죽음이다.

가난에 관한 한 권진규도 그들 못지않았다. 오래 가난을 견뎌 가야했고 오래 견뎌 냈다. 그러다 몸에 병을 얻었고 병고에 시달리게 되었다. 그러나 그는 자연스러운 죽음이 아닌 다른 선택을 했다. 자살이었다. 왜 그랬을까. 궁핍과 병마 때문이 아니라면 무엇 때문이었을까. 부조리가 휘두르는 칼의 다른 칼날, 배제 때문이었을까. 미술계에서 제대로 평가를 받지 못했던 크고 작은 사회적 박대 때문이었을까.

동년배이나 생년으로는 박수근, 이중섭 순이다. 세상을 떠난 순으로는 이중섭이 먼저다. 일찍이 만으로 나이 마흔에 서대문 적십자병원에서 병든 몸과 하직했다. 말년에 그는 『문학예술』, 『현대문학』, 『자유문학』 등 잡지의 표지화나 삽화를 그려 주면서 생계를 이어 가야 했을 만큼 궁핍했다. 하지만 그는 근대 한국 화단을 이끌었던 주류의 일원이자 엘리트였다. 이쾌대, 김환기, 유영국, 이경성, 김영주, 박고석, 김병기, 백영수, 유강열, 전혁림, 박생광, 남관, 한묵, 김서봉, 장욱진, 양달석 등등 화단의 기라성 같은 이름들이 그와 협회 활동을 함께 했거나 공동 전시전을 열었다. 뿐인가. 한국 시단을 대표하는 구상, 김종문 같은 이들과도 친분이 두터웠다. 게다가 화단의 평가 또한 높았다. "비사실적 경향의 이중섭 작품들은 이번 미협전 최고 수준인 동시에 수확이다." 1954년 6월 경복궁미술관에서 열린 6·25 전쟁 4주년 기념 《제6회 대한미협전》에 출품한 3점 〈소〉, 〈닭〉, 〈달과 까마귀〉에 대한 이경성의 평이 그 정도였다.[2]

이중섭이 한국 화단의 장미였다면 박수근은 억새

였다. 부친이 사업에 실패하는 바람에 그는 어릴 때부터 남다른 고초를 겪어야 했다. 그림은 독학이었다. 18세가 되던 1932년 조선미술전람회에 수채화를 출품하여 입선함으로써 화단에 등단하였다. 1940년 결혼하여 평양에서 단란한 신혼 생활을 누리기도 했다. 그때 일본 유학파 최영림, 장리석, 황유엽 등을 만나 '주호회'를 만들어 해방 전해까지 매년 동인전까지 열었다. 이후는 태풍을 만난 돛단배 신세였다. 생사의 기로를 넘는 세월이 이어졌다. 하지만 그는 억새처럼 살아남았다. 1959년부터 대한민국 국전 추천 작가가 되고 1962년에는 국전 심사위원으로 위촉되었다. 한국 화단의 주류로 우뚝 선 것이었다. 그의 전성기였다. 그렇다고 생활이 궁핍을 벗어난 것은 아니었다. 그런 처지에 병마까지 찾아왔다. 돈이 없어 병원 치료도 못 받은 데다가 과음이 병을 키웠다. 1965년 쉰하나의 나이로 청량리 위생병원에서 세상을 떠났다.[3]

두 대가는 그렇게 살고 그렇게 떠났다. 자연사였다. 생활의 궁핍을 면할 수는 없었으나 그들에겐 동행이 있었다. 동인同人끼리 서로 격려하고 격려를 받으며 하고 싶은 일, 예술을 함께했다. 궁핍했으나 핍박은 없었다. 추웠으나 가슴을 펴고 살았다.

그뿐이 아니었다. 두 사람에겐 동반同伴이 있었다.

기쁠 때나 슬플 때나 함께해 준 반려자가 있었고 가족이 있었다. 가히 지구 최고의 동반자라고 할 만한 사람들이었다.

> "당신이 사랑하는 유일한 사람 이 아고리는
> 머리가 점점 더 맑아지고 눈은 더욱더 밝아져서,
> 너무도 자신감이 넘치고 또 흘러넘쳐
> 번득이든 머리와 반짝이는 눈빛으로 그리고 또 그리고
> 표현하고 또 표현하고 있어요.
> 끝없이 훌륭하고 … 끝없이 다정하고 …
> 나만의 아름답고 상냥한 천사여 … (중략)
> 자신만만 자신만만
> 나는 우리 가족과 선량한 모든 사람들을 위해서
> 진실로 진실로 새로운 표현을, 위대한 표현을
> 계속할 것이라오.
> 내 사랑하는 아내 남덕 천사 만세 만세."[4]

이중섭이 세상을 떠나기 2년 전 그의 천사 아내 야마모토 마사코山本方子에게 보낸 편지였다. 편지마다 부인과 자식들에 대한 사랑이 넘쳐흘렀다.

> "나는 그림 그리는 사람입니다. 재산이라곤 붓과 팔레트밖에 없습니다. 당신이 만일 승낙하셔서 나와 결혼해 주신다면 물질적으로는 고생이 되겠으나 정신적으로는 당

신을 누구보다도 행복하게 해 드릴 자신이 있습니다. 나는 훌륭한 화가가 되고 당신은 훌륭한 화가의 아내가 되어 주시지 않겠습니까?"[5]

1940년 26세의 순박한 청년 박수근이 보내고 순박한 처자 김복순이 받은 편지였다. 결혼해서 아내는 강인한 아낙네가 되어서 없는 살림이지만 알뜰하게 꾸려 갔다. 순박한 아낙네가 되어서 화가의 모델도 되어 주고 그의 팬이 되어 주었다. 화가는 약속을 지켰다. 사후 한국 회화 최고가에 거래되는 작품을 남겼으며 떠날 때까지 순박한 처자에게 청혼하는 편지를 쓴 순박한 청년으로 살았다.

권진규는 처지가 사뭇 달랐다. 그에겐 둘 다 없었다. 동인도, 동반도 없었다. 그는 아웃사이더에 외톨이였다.

같은 미술계라도 화단과 조각계는 누빌 언덕의 크기 자체가 달랐다. 대학에서도 동양화, 서양화를 가르치고 배우는 회화과는 많이 있었으나 조소·조각을 가르치는 곳은 몇 없었다. 권진규의 모델이 되어 준 미술 전공 제자들도 서양화나 동양화, 응용미술 등을 전공하면서 그에게 조각을 사사한 경우였다. 조소·조각을 하더라도 추상이 대세였기에 권진규와 함께 구상 조각 동인전을 열 만한 사람 자체가 별로 없었다.

권진규가 국내 미술계로부터 받은 냉대를 미술계 탓이라고만 할 수는 없겠다. 자초한 측면도 상당하지 않을까 싶다. 그는 대한민국 국전 등에 출품하지 않았다. 이에 대해 자신의 작품을 심사할 수 있는 사람이 없기 때문이라고 했다.[6] 농으로 하는 말이 아니었다. 그렇듯 오만하며 비사교적인 사람과 누가 가까이 사귀려고 하겠는가. 친분을 나누는 지인이 적을 수밖에 없었다. 제자들을 제외하면 열 손가락에 꼽을 정도였다. 화가 권옥연, 천경자, 김비함, 이규호, 조각가 최만린, 미술평론가 유준상, 미술사학자 최순우, 영문학자 안동림, 핵물리학자 박혜일, 화랑 대표 김문호 등이 거의 전부였다.

그런 터에 권진규에게는 동반마저 없었다. 평생 잊지 못했던 연인이자 아내였던 도모가 있었으나 서울살이에는 없었다. 1986년 가을 중앙일보 도쿄 특파원 최철주는 도쿄에서 자동차로 1시간 20여 분 거리에 있는 고가네이시에 갔다. 도모를 인터뷰하기 위해서였다. 그는 도모의 말을 이렇게 전하고 있다.

"세월이 한참 흘러갔지요. 서로 소식도 모르고. 그러다가

1973년이지요. 그이가 서울에 있는 아틀리에에서 자살했다는 소식을 들었습니다. 자살한 지 몇 개월 후의 일이었지요. 왜 그렇게 훌륭한 사람이 죽었을까. 안타깝고 분했습니다. 가슴이 아파 견딜 수가 없었습니다. 그이는 생활인으로서 결코 무능한 사람은 아닙니다. 말로 표현할 수 없는 복잡한 정황이 있었던 게 아닐까요. 사회가 너무 차가웠지 않았나요. 그이는 과묵했어요. 그렇다고 그이를 이해해 주는 사람이 없었을까요."[7]

안타까운 일이나, 그에게 그런 사람은 없었다. 그를 진정 사랑하고 속 깊이 이해해 주는 반려는 그의 말을 들을 수 없는 곳, 멀리 일본에 있었다. 1970년 명동화랑 초청 전시회를 끝으로 힘들 때, 비탄에 빠졌을 때, 좌절했을 때 그가 그런 토로를 하고자 할 때 그는 혼자였다. 신문 기고로 SOS를 남겼다. "어느 해 봄, 이국의 하늘 아래서 다시 만날 때까지를 기약하던 그 사람이 어느 해 가을에 바보 소리와 함께 흐느껴 사라져 갔고, 이제 오늘은 필부고자匹夫孤子로 진흙 속에 묻혀 있다."[8] 메아리는 없었다. 그의 신음 소리에 귀 기울여 주는 귀는 어디에도 없었고 흐느끼는 그의 어깨를 잡아 주는 손은 기적조차 없었다. 온몸에 그저 진흙 냄새가 진하게 묻어 있을 뿐이었다.

노모가 떠난 후 그의 말년 3년을 함께한 누이 경숙

네가 있었다. 그러나 다른 면에서라면 몰라도 그 면에서는 별로, 어쩌면 거의 도움이 되지 않았다. 오히려 해로운 면이 없지 않았다. 누이네 또한 궁핍했다. 생계를 꾸려가는 일은 주로 누이 몫이었다. 일주일이면 거의 일곱 날, 날마다 일찍 일하러 나갔다가 밤늦게 돌아오는 누이가 안쓰러웠다. 간혹 창 너머로 들려오는 늦은 밤 고성은 필시 못난 폭력의 부끄러운 끄나풀이었다. 그러나 가족이되 가족이 아닌 가정사였다. 모른 척했지만 자신의 무기력함에 다시 좌절하곤 했다. 병마가 몸에만 든 것이 아니었다. 마음에도 나날이 깊이 들었다.

그는 자연사에 이르기까지 자신의 존엄을 지켜가기 어려웠다. 존엄을 잃은 채 고독사할 것인가, 아니면 나름 존엄한 죽음을 선택할 것인가. 그렇게 길은 둘이었다. 무엇을 택할 것인가. 그는 떠나기 1년 전 『조선일보』에 기고한 글에서 이렇게 썼다. "절지折枝여도 포절抱節하리다. 포절 끝에 고사枯死하리라."⁹ 자신을 나무에 빗댔다. 풀이해 다시 써 본다. "가지가 꺾여도 절개節槪를 품으리라. 절개를 품은 끝에 말라죽으리라."

젊은 세대에게는 여간 생뚱맞은 글이 아닐까 한다. 나이 든 세대도 한참 옛 기억을 되살려야 어렴풋하게 떠오르지 않을까 싶다. 그래, 그렇게 살았던 이들이 있었지 하고. 절개라니, 절개가 대체 무엇이길래 말라 죽는다는 말인가. 더욱이 애국지사도 정치인도 아닌 예술가가 절개에 살고 절개에 죽는다니 대체 무슨 말인가.

그의 죽음은 이제 꽤 알려졌다. 미술 애호가라면 권진규 이름 석 자를 알며 그가 자살로 생을 마감한 사실도 안다. 그러나 충분히 말해지지 않았고 충분히 이해되지 않았다. 일반 대중 사이에서뿐만 아니라 전문가들 사이에서도 그렇다. 미술평론가 유준상은 그의 오랜 지인 가운데 하나였다. 그는 1974년 5월 명동화랑에서 열린 《권진규 제1주기 추모전》 서문에서 이렇게 썼다(사진 1 / 2).

"권진규 씨는 인생을 도피했고 예술을 도피한 의무에서 자유스러울 수는 없다. 죽음 그것이 무엇을 해결한다는 것인가? 후대의 역사가들은 아마도 그를 인간의 '딜레마'를 견디어 내지 못했고 시대의 비극을 이겨내지 못한 현실도피의 나약하고 외고집의 조각가로 평가할는지도 모른다. 그러면서도 그의 체온은 우리들 동시대의 마음속에 아직도 더운 것을 어찌하랴…. 여기 살아있는 우리들의 문제가 있다. 저어기 그의 유작품들과 함께…."[10]

(사진 1) 명동화랑《권진규 제1주기
추모전》리플릿, 1974년. 권진규가
그에게서 '최후의 희망'을 보았다고 했던
핵물리학자 박혜일이 권진규의 기림
사업 관련한 일들을 메모해 둔 것을 후에
고려대학교박물관에 기증했다.

(사진 2)〈게〉, 1962년경, 종이에 묵, 48.0×30.0cm, 고려대학교박물관 소장.
명동화랑《권진규 제1주기 추모전》당시 그의 작품〈게〉의 표구지 위에 그를 기리는
지인들이 이름을 남겼다, 1974년 5월.

글이 모호하다. 짐짓 일부러 그렇게 쓴 것 아닐까 싶을 정도이다. 그런데 모호함 속에 던지는 메시지가 예사롭지 않다. 여느 추모의 글과는 사뭇 다르다. 평론가의 추모 서문은 "죽음 그것이 무엇을 해결한다는 것인가?"라고 묻고 있다. 비탄에 잠겨서 묻는 물음이겠다. 죽는다고 무엇이 달라진다고 스스로 죽었느냐는 애통의 표현이지 싶다. 그러면서도 후세 사가들의 입을 빌어 세상사의 부조리를 견디지 못하고 나약하게 도피한 것 아니냐며 추궁하고 있다.

그럴 가치가 있지 않은가 한다. 그의 죽음은 비탄 속 질문과 함께 그렇듯 따가운 추궁을 받을 가치가 있다고 본다. 누군가 이에 답해야 한다. 사자死者가 할 수는 없는 노릇이다. 다른 누군가가 해야 한다. 후학 연구자의 몫이 아닐까 한다. 하지만 아직 나온 연구가 없다. 허락한다면 감히 나라도 시도해 보고자 한다. 나의 눈에 그는 분명 예술가로서 평가 받을 만한 삶을 살았기 때문이다. 나름 존엄한 죽음을 맞았기 때문이다. 그래서 그의 죽음을 위한 변명을 쓰고 싶은 것이다. 후에 누군가가 그에 대한 이해의 폭과 깊이를 더해 주기를 고대하며 쓴다.

2. 예술가는 크든 작든 이카로스의 운명을 산다

프랭크 맥나마라Frank McNamara라는 은행원이 있었다. 어느 날 뉴욕 한 레스토랑에 친구들을 초대했다. 식사를 마쳐 갈 즈음이었다. 주머니에 지갑이 없었다. 집에 두고 나온 것이었다. 다행히 멀지 않은 곳이어서 아내가 지갑을 가져다주었다. 지갑에서 지폐를 꺼내 계산을 마치던 그의 머리에 사업 아이디어가 하나 번뜩 떠올랐다. 옳지! 이튿날 그는 변호사 친구를 만났다. 그와 사업 구상을 나누었고 친구들을 만날 때마다 이야기하면서 비즈니스 모델을 만들었다. 1년 후 친구와 둘이 그 레스토랑을 찾았다. 사업 제안을 했다. 레스토랑에서 식사한 고객들이 돈 대신 카드로 밥값을 계산하도록 하자는 것이었다. 받아들여졌다. 그렇게 해서 1950년 다이너스 클럽 카드Diners Club Card가 나왔다. 최초의 신용카드였다. 대히트였다. 1년 만에 회원 수가 2만 명을 넘었다.[11]

돈벌이가 되는 곳에 은행들이 발을 안 담글 리 없다. 1958년 은행 카드가 나왔다. 비자카드가 나오고 마스터카드가 나왔다. 수십 세기 동안 계산대의 왕으로 군림해 왔던 화폐가 자리에서 물러나기 시작한 것이었다.

일찍이 경제학자 조지프 슘페터Joseph Schumpeter 1883-1950는 그러한 현상을 '창조적 파괴Creative Destruction'라고 명명했다. 경제발전이란 창조적 파괴를 통한 이노베이션 과정을 통해 이루어지는 것이라고 했다. 그 주역으로 기업가를 꼽았다. 기업가를 창조적 파괴자, '이노베이터Innovator'로 보았다.

경제는 오늘도 발전을 멈추지 않는다. 슘페터가 말한 이노베이터들이 줄이어 나오고 창조적 파괴를 멈추지 않는다. 빌 게이츠Bill Gates가 나와서 컴퓨터를 파괴하고 PC를 내놓았다. 스티브 잡스Steve Jobs가 나와서 집과 사무실 전화를 파괴하고 휴대폰을 내놓았다. 오늘날엔 그 후예들이 플라스틱 신용카드를 파괴하고 있는 중이다. 앱을 개발하여 휴대폰 안에 집어넣고 있다. 머잖아 종이 화폐도 플라스틱 신용카드도 사라질 운명에 처해 있다.

경제만 창조적 파괴를 통해 발전하는 것이 아니다. 인간이 일으킨 업業치고 그렇지 않은 분야는 없다. 기업가만 이노베이터인 것이 아니다. 모든 분야의 앞줄에는 이노베이터가 있다.

혹시 옐레나 이신바예바Yelena Isinbayeva라는 이름을 기억하는지 모르겠다. 여자 장대높이뛰기 선수이다. 뛰어난 미모로 '미녀새'라는 별칭으로도 불렸다. 그는 스물한 살 때인 2003년 4m 28cm를 뛰어넘어 첫 세계 신기록을 작성했다. 2004년 아테네올림픽에서 4m 91cm의 기록으로 금메달을 목에 걸었다. 2005년에는 여자 선수로는 처음으로 5m 벽을 무너뜨렸다. 2008년 베이징올림픽에서도 금메달을 따 올림픽 2연패를 달성했다. 총 스물여덟 차례나 세계 신기록을 경신했으며,[12] 2009년 5m 6cm를 뛰어넘어 자신의 최고 기록을 작성했다. 2016년 리우올림픽 때 국제올림픽위원회 IOC 선수위원에 선출되면서 그는 은퇴를 선언했는데 은퇴의 변이 이러했다.

> "이제 장대를 손에서 놓고자 합니다. 그동안 열심히 훈련해 내 한계까지 가 본 것에 만족합니다. 내 욕심을 채운 셈입니다."[13]

그의 짧은 인터뷰 속 핵심어를 찾아보자. 무엇일까. '한계'가 아닐까. 그는 자신에게 '한계까지 가보자'고 했다는 거다. 이미 이룬 것을 뒤로하고, 그 너머 조금 더 높이, 조금 더 높이 자신의 한계 끝까지 올라가 보자고 했고 실제 그랬다는 거다. 그게 이노베이터이다. 모두 다 세계 기록 경신자일 수는 없다. 그러나 자기 기록을 한계까지 경신해 가다 보면 세계 기록 경신자도 될 수 있고 챔피언도 될 수 있다. 그렇게 되지 못한

다고 하더라도 한계를 넘어 또 다른 한계까지, 종국에
는 자신의 한계 끝까지 자기를 높여 가는 자기 고양을
이룰 수 있다.

예술 분야도 다르지 않을 것이다. 예술은 모두에게
익숙해진 것을 다시 반복하는 것이 아니다. 진부한 것
은 예술이 아니다. 모사模寫는 예술이 아니다. 같은 것
이라도 빛에 따라 바람에 따라 시간에 따라 다른 존재
가 된다. 그 다른 존재를 표현해 내는 것이 예술이다.
그것을 새롭게 내 방식으로 표현해 내는 것이 예술을
하는 이유이다. 아마도 예술가들은 그렇게 생각하지
않을까 싶다. 어느 시대이든 예술 분야의 맨 앞에 선
이노베이터들은 그런 예술혼을 불태웠을 것이다. 모
두가 다 앞선 자일 수는 없다. 그러나 자신의 옛 방식
에서 벗어나 새롭게 다른 방식을 시도할 줄 알아야 예
술가이다. 자기 고양을 한계까지 밀어붙이는 혼이 살
아 있어야 진정한 예술가이지 않을까 싶다.

권진규도 그런 실험 정신을 가진 사람이었다. 그는
자신의 표현 방식을 확장하고 새롭게 해 가는 일을 게
을리하지 않았다. 초기에는 석고로, 브론즈로 조소하
고, 또한 나무로 돌로 조각하였다. 한창때는 고대 무
덤의 부장품으로 전해지던 테라코타 조상彫像을 근대
의 눈으로 되살려냈다. 진시황릉의 병마용兵馬俑이 권

진규 사후인 1974년에 발견되었으니 그 훨씬 전의 일이었다. 이에 그치지 않았다. 말년에는 테라코타에 옻칠을 한 삼베를 켜켜이 입히는 건칠 조소까지 한계를 높여 갔다.

누가 시킨 것도 누구와 함께 한 것도 아니었다. 일찍이 그는 스승의 그늘에서 벗어나 자기류를 추구해야겠다는 야망을 품고 익숙했던 비빌 언덕을 떠났다. 그러나 모국으로 돌아온 그는 이방인이었다. 아이러니였다. 그래도 오직 자기류의 리얼리즘을 완성시켜 가겠다는 일념하에 새로운 방식에 도전하고 성취해 갔다. 이룬 성취에 대한 몰이해를 뒤로하고 그 너머로 다시 새로운 도전을 해 갔다. 무사시노미술학교에서 배운 서구의 근대 조각 기법으로 동아시아 전통 예술 세계를 되살려 보자고 한 것이었다. 그것이 그가 말한 '한국적 리얼리즘의 구현'이고 '자기류'였다.

1959년 굼벵이의 탈바꿈을 선언하며 귀국한 이래 본격적으로 시동을 건 그의 '자기류'는 모두 세 번의 평가를 받았다. 1965년 신문회관에서 열린 첫 개인전에서 냉대를 받아 한때 의기소침하기도 했다. 1968년 일본 니혼바시 화랑에서 열린 두 번째 개인전에서 호평을 받아 원기를 회복했다. 서울살이 내내 가난과 배제가 지긋지긋하게 이어졌지만 그는 굳센 기개를 잃지 않았다. 자신이 추구하고 성취한 '자기류'에 대해 자신만만했다. 건칠로 자신의 한계를 한 단계 더 위로, 마지막 한계까지 밀어붙이기 전까지는 그랬다.

1971년 겨울 그는 생애 세 번째이자 마지막 개인전을 가졌다. 명동화랑 개관 1주년 기념 초대전이었다(사진 3 / 4). 화랑 대표 김문호는 심혈을 기울여 준비했다. 전시 6개월 전부터 작가에게 월 3만 원씩 작품 제작비를 지급했다.

홍보에도 힘썼다. 전시회 리셉션에 당대 한국 미술계를 대표하는 인사들을 대거 초대했다. 화가 남관, 김서봉, 김비함, 김형구, 김창억, 박득순, 김종학, 박고석, 박서보, 유영국, 윤명로, 천경자와 조각가 강태성, 김영중, 김세중, 김정숙 그리고 공예가 류강열, 김영태, 건축가 김수근, 미술평론가 유준상, 고려대학교박물관 학예사 이규호 등이 참석해 자리를 빛내 주었다(사진 5).

전시 기간에 언론에도 꽤 비중 있게 소개되었다.

"테라코타·건칠 등 우리나라 전래傳來의 조각 양식의 작품전이 10-16일까지 명동화랑 개관 1주년 기념 초대전으로 열리고 있다. 조각가는 권진규 씨. 작품 38점. 그는 1959년에 일본서 귀국, 아틀리에에 가마를 놓고 테라코

（사진 3）명동화랑《권진규》전 포스터, 1971년.

(사진 4) 명동화랑《권진규》전 전시장 앞에서, 1971년. 수험생 같이 상기된 모습이다. 남아 있는
그의 마지막 정장 차림 독사진.

(사진 5) 명동화랑《권진규》전 개막식 때, 1971년. 몹시 긴장한 탓인지 음료로 갈증을 달래고 있는
이가 권진규, 맨 오른쪽이 명동화랑 김문호 대표.

타를 구워 왔다. 이번 전시회는 제3회 개인전."[14]

이어서 기사는 일반에게 생소한 테라코타와 건칠 기법까지 소개하였다. 분량이 스무 줄이 넘었다. 그것도 당시 자타 공인 대한민국 구독 부수 1위를 자랑하는 『조선일보』 기사였다. 5년 전 도하 신문 어디에도 기사 한 줄 없었던 신문회관 제1회 개인전 때와 비교하면 엄청난 홍보였다. 권진규 자신도 온 힘을 다 쏟았다. 테라코타 24점, 대리석 석조 3점 외에 새로운 기법의 조소를 대거 선보였다. 건칠 작품이었다. 〈십자가 위 그리스도〉, 〈불상〉 등 11점이나 되었다.

그럼에도 불구하고 전시회는 사회적 이목을 끌지 못했다. 작품 하나 제값에 팔린 것이 없었다.[15] 참담한 실패였다. 매 앞에 장사 없었다. 세우습의細雨濕衣, 가랑비에 옷 젖었다. 흠뻑 젖었다. 권진규의 강인한 예술혼도 한계에 도달했다. 명동화랑 전시전 이후 그는 주위에 어쩔 수 없는 좌절감을 내비쳤다. 처음이자 마지막 좌절감이었다. 권진규가 유일하게 브로맨스를 느꼈던 절친 권옥연은 당시를 회고하며 이렇게 증언한다.

"그분의 자살에 대해 이런저런 추측들이 많지만, 나는 생활의 궁핍 때문이라고 보지 않는다. 신병을 비관했던 것도 아니다. 오히려 작품에서 느껴지는 한계에 더 크게 절망한 것이 아닌가 한다. 미술의 유행이라든가 이론에 대한 무관심 속에서 정통적인 스타일을 고집할 수밖에 없었던 그분의 좌절은 어느 정도 예정된 것이었는지도 모른다."[16]

왜 권옥연이 '진규 아저씨'의 궁핍과 병고를 몰랐겠는가. 그런데 그는 다른 지인들이 입 모아 증언하는 가난과 병고를 뒷전으로 치우고 있다. 그 대신 '한계'를 말하고 있다. 프랑스 유학으로 예술의 본령에 대한 이해를 갖추었으며 활발한 대외활동으로 세계 미술 조류에 밝은 인사다운 진단이었다.

세상에 사람이 도모하는 일치고 한계가 없는 것은 없다. 다만 누구는 한계 끝까지 가 보지 않고 안주하며 누구는 한계 끝까지 가 보고 멈추는 것일 뿐이다. 이노베이터는 자신의 한계 끝까지 가 보겠다는 자이다. 챔피언은 자기 한계 끝까지 가 보고 "그동안 열심히 훈련해 내 한계까지 가 본 것에 만족합니다. 내 욕심을 채운 셈입니다."라고 말하며 은퇴하는 것이다. 챔피언의 좌절은 그러하다.

권진규를 세계 챔피언에 비유할 일인지 아닌지는

모르겠다. 그런 판단을 내릴 안목이 내겐 없다. 다만 '조형올림픽'이란 게 있다면, 조소 종목이 개설되어 있고, 추상과 별도로 구상 실력을 겨루는 종목이 있으며 다시 석고–브론즈–목각–석조–테라코타–건칠의 근대 조소 6종 경기가 있다면, 그도 나가서 세계적 대가들과 능히 겨루어 볼 수 있지 않을까 싶은 것이다.

권진규는 마지막 전시에 출품한 작품에서 자신의 '한계'를 보았다. 마지막 한계, 끝을 보았다. 끝end은 완성을 내포한다. 영화 끝 자막이 바로 그런 의미이다. 더 이상 '계속'은 없다. 후편도 없다. 완성된 것이니까. 자신의 한계를 끝까지 밀어 올린 자는 그 이상 더 갈 수 없음에 좌절하기 마련이다. 챔피언은 좌절의 안타까움을 감추고 거기까지 왔음에 감사한 마음을 말한다.

이카로스는 아버지가 만들어 준 날개를 달고 태양을 향해 솟아올랐다. 한참 한참을 올랐다. 더 이상 태양을 향해 갈 수 없는 고도에 올랐다. 그리고 마지막 날갯짓과 함께 아래로 떨어졌다. 그것이 이노베이터의 운명이다. 챔피언의 운명이다. 그래서 권옥연은 '진규 아저씨'의 1주기 추모전에 붙인 글에서 그가 가난이나 병마 탓에 스러진 것이 아니라 자기가 도모한 '자기류'가 갖는 '한계' 끝까지 추구하였고 더 이상 그

너머로 오를 수 없겠다는 좌절감 속에 떠난 것이라고
한 것이다. 진정한 예술가만이 받을 수 있는 오마주가
아니었을까.

3. 세상에 단 하나뿐인 예수 그리스도상을 만들었다

예수는 살아계신 하느님이 보내신 그의 아들이요
구세주이다. 우리 자신이 저지른 죄를 사하고 우리를
세상의 부조리로부터 구원하기 위해 온 존재이다. 그
가 떠난 이래 많은 예술가가 그림으로 혹은 조상彫像
으로 그를 기렸다.

미켈란젤로는 바티칸 성 베드로 성당에 〈피에타
Pieta〉를 남겼다. 성모 마리아가 십자가에서 내린 예수
를 무릎 위에 안고 있는 모습이다. 1498-1499년 두
해에 걸쳐 대리석으로 만들어졌다. 브라질 리우데자
네이루에 있는 예수 그리스도상도 유명하다. 조상의
높이가 30m, 양팔 길이가 28m에 달한다. 프랑스 건
축가 폴 란도스키Paul Landowski 1875-1961가 설계하고 강
화 콘크리트로 만들어졌다. 제작 기간이 9년이나 된
다. 이 외에도 예수상은 청동, 주석, 도자기, 나무 등의
재질로 많이 만들어졌다.

권진규의 〈십자가 위 그리스도〉는 건칠 작품이다. 만들어진 재료와 기법만으로도 독특한 작품이다. 모르긴 몰라도 세상에서 건칠로 만들어진 예수상은 〈십자가 위 그리스도〉가 유일하지 않을까 싶다.

건칠은 기원전부터 발달된 동아시아의 전통 공예 기법이다. 조형의 기본형은 나무로 만든 목조木造나 점토로 만든 소조塑造를 쓴다. 기본형이 만들어지면 그 위에 수차례 삼베를 붙이고 옻칠을 한다. 형태가 굳게 되면 소조로 한 경우, 원형으로부터 떼어 내어 구체화 작업에 들어간다. 원하는 조상을 필요한 만큼의 두께로 섬세하게 조형하는 과정이다. 다시 삼베를 바르고 동시에 옻칠을 여러 번 한다. 옻칠은 조상彫像을 물과 습기 그리고 좀 같은 벌레로부터 보호해 준다. 삼베를 겹겹이 입혔기에 건칠상은 매우 뛰어난 견고성과 내구성을 갖게 된다. 청과 동 같은 값비싼 자재 없이도 그에 못지않은 견고성과 내구성이 보장되는 것이다. 게다가 목조나 청동 작품에 비할 바 없이 무게가 가볍다.

무사시노미술대학 교수 박형국에 따르면, 권진규가 건칠상을 만들 때 사용한 기법은 그 같은 한국 전통 기법이 아니다. 석고 거푸집을 모본母本으로 한다. 이 기법은 프랑스 유학파 출신 일본 근대 조각가 야마

모토 도요이치山本豊市 1899-1987가 조각에 원용하기 위해 개발한 근대 기법이다.

점토를 빚어 만든 소조에 석고를 붙이고 떼어 내면 거푸집이 나온다. 이 거푸집 안쪽에 진흙을 넣어 석고를 떼어 내면 소조를 얻게 된다. 이를 불가마에 구워 낸 것이 테라코타 작품이다. 거푸집에서 여러 개 소조를 얻어 구우면 같은 테라코타 조상을 여럿 만들 수 있게 된다. 물론 구울 때 온도 등의 영향으로 작품 크기 및 색깔이 달라지기도 한다.

권진규의 건칠은 테라코타를 만들기 위해 만든 거푸집을 모본으로 하여 만든 것이다. 그 건칠을 얻기 위해서 우선 석고로 만든 거푸집 안쪽에 이형제離形劑를 발랐다. 박형국은 권진규가 이형제를 사용한 의도를 두 가지로 파악한다. 하나는 이형제를 바르고 조형 작업을 하면 나중에 생성된 조형을 거푸집으로부터 쉽게 떼어 낼 수 있기 때문이다. 다른 하나는 손자국이나 칼자국 등이 조형의 표면에 남게 되어 전통 옻칠과 달리 거친 표면을 얻을 수 있기 때문이다.

이형제를 바른 후에는 틀 안쪽에 삼베를 뜯어 붙이고 옻칠을 한다. 계속 작업을 반복한다. 삼베를 뜯어 붙이고 옻칠하고, 그 위에 또 삼베를 뜯어 붙이고 옻칠을 한다. 원하는 양감을 얻을 때까지 계속 반복한

217

다. 안을 다 채우는 것이 아니다. 견고한 형태를 유지할 수 있을 만큼의 두께면 된다. 이 작업이 끝나면 거푸집을 통째로 물에 넣는다. 석고가 물에 녹아 떨어지면 삼베에 옻칠한 상이 나온다. 권진규의 건칠 작품은 그렇게 해서 만들어졌다. 〈십자가 위 그리스도〉(사진 6) 건칠상 역시 그와 같은 과정을 통해 만들어진 것으로 보인다.

그 상을 보자. 십자가 위에 매달린 여느 예수상과 많이 다르다. 권진규의 예수상은 어깨가 처져 있지 않다. 중력의 법칙에 반해서 어깨와 팔이 거의 평행으로 벌려 있다. 신장보다 어깨를 포함한 양팔의 길이가 더 길다. 리우데자네이루에 있는 예수 그리스도상의 경우 양팔의 길이가 신장보다 짧다. 권진규의 예수상은 양팔의 길이가 신장보다 1.2배 정도 된다. 양팔이 마치 막 비상하려는 독수리의 날개처럼 펼쳐져 있다.

권진규는 삼베로 예수의 못 박힌 손과 발목을 감쌌다. 아픈 가슴을 감싸고 옻칠을 여러 번 하여 그의 부활과 영생을 기도祈禱하고 있다. 렘브란트Rembrandt van Rijn 1606-1669의 〈십자가에 달리신 예수〉와 달리 그는 매달려 있지 않다. (사진 7)에서 보듯이 그는 까치발을 세워 구르고 있다. 양팔로 날갯짓을 하고 있다. 위로 막 날아오르고 있는 것이다.

옆얼굴을 보자(사진 8). 전혀 일그러져 있지 않다. 무거운 짐을 내려놓고 난 사람의 후련함이 보인다. 그는 십자가에 못 박힘으로써 지금 막 사람들의 죄를 대신 속죄하고 난 참이다. 하느님 아버지가 주신 과제를 마치고 난 아들이 마지막으로 내쉰 안도의 숨결이 얼굴을 휘감고 있는 듯하다. 머리에 쓴 것은 가시 면류관이 아니다. 둥근 원 안에 십자 두 개가 겹쳐 있다. 지구 구석구석 사방팔방으로 구원의 빛을 비추며 그는 하늘로 올라가고 있는 것이다.

하늘로 오르려면 몸체가 가벼운 게 좋다. 석고나 브론즈나 돌이나 테라코타여선 힘들다. 나무여도 양팔로 날기엔 너무 무겁다. 재질이 가벼워야 하고 속이 비어야 한다. 건칠이면 속이 빈 조상을 만들 수 있다. 그래서 권진규는 〈십자가 위 그리스도〉를 건칠로 제작한 것 아니었을까.

또 다른 이유도 있을 법하다. 권진규의 다른 건칠 작품의 경우 대부분 테라코타 작품이 따로 있다. 앞에 설명한 바와 같이 그가 활용한 건칠 기법이 석고 거푸집을 모본으로 하는 것이기 때문이다. 거푸집이 제작되면 먼저 테라코타 작품이 나오게 된다. 건칠상은 그다음 순서인 것이 일반적이다. 작업 과정에서 석고 거푸집은 물에 녹아 사라지게 되고 그로써 얻는 건칠상

(사진 6) 〈십자가 위 그리스도〉, 1970년, 건칠, 127.0×141.0×31.0cm. 개인 소장.

(사진 7) 〈십자가 위 그리스도〉, 1970년.

(사진 8) 〈십자가 위 그리스도〉, 1970년.

은 최종적 존재이다. 거푸집 하나에서 테라코타 작품은 여럿 제작할 수 있지만 건칠은 딱 하나밖에 제작해 내지 못한다. 건칠상은 최종적일 뿐만 아니라 유일한 존재인 것이다.

예수 그리스도는 유일한 하느님의 유일한 아들인 독생자이다. 권진규는 그래서 〈십자가 위 그리스도〉를 건칠로 제작한 것이 아니었을까. 다른 건칠 작품과 달리 〈십자가 위 그리스도〉는 테라코타로 만든 작품도 없다. 건칠상이니 당연히 유일한 건칠 작품이며 테라코타로도 만들어진 작품이 없으니 세상에 단 하나뿐인 상이다.

4. 〈십자가 위 그리스도〉는 그의 마지막을 지켜 주었다

권진규는 기독교와 별 인연이 없었다. 사찰을 다녔지 교회에 나간 적이 없었다. 그의 아틀리에에 불경은 있었지만 성경은 없었다. 불제자라고 할 수는 있었어도 크리스천은 아니었다. 그런 그가 왜 〈십자가 위 그리스도〉를 만들었을까.

광화문에 있는 세종대왕상이나 이순신상은 우리 한국의 대표적인 기념 조각물이다. 대한민국 조각가치고 일찍이 그 제작을 꿈꾸지 않았던 이는 아마도 없었을 게다. 당대를 대표하는 조각가라는 상징성을 얻게 될 뿐 아니라 그 부수 효과로 수반될 경제적 이득이 상당할 것이기 때문이다. 권진규도 예외가 아니었다. 국가적 인물을 기릴 대작의 제작을 꿈꾸었다. 홍익대학교 제자 김광진의 전언에 따르면 권진규는 안중근이나 김구의 동상을 제작하고 싶어 했다.

그에게도 우리나라의 대표적 기념 조각물을 제작하는 기회가 오는가 싶었다. 그가 세상을 떠나기 1년 전이었다. 1968년 5월에 건립된 서울 장충단공원의 〈사명대사 동상〉이 사명대사 이미지와 다르며 예술성이 결여되어 있다는 논란이 일었다. 동국대학교 내에 교수 문명대를 중심으로 새로운 동상을 건립하기 위한 추진 위원회가 결성되었다. 문명대는 동선동 아틀리에로 권진규를 찾아가 제작 의사를 물었고 흔쾌한 내락을 받았다. 그러나 학내 위원회의 의견이 모아지지 않아 없던 일이 되고 말았다.[17]

그 두 해 전, 1970년 초 즈음이었다. 그의 아틀리에 인근에 교회가 하나 있었다. 그 교회의 목사라는 분이 권진규를 찾아와 예수 그리스도상을 의뢰하였다. 목사를 문밖에까지 나가 배웅하고 들어온 권진규는 뛸 듯이 기뻐했다. 세상에 죽으라는 법은 없는 모양이다 싶었다. 감사했다. 바로 구상에 들어갔다.

예수가 누구인가. 구세주 아닌가. 인간 세상의 부조리에 맞서느라 온갖 수난을 당했던 인물, 마침내 십자가에 매달린 채 죽임을 당했던 인물, 자신을 죽음으로 내몰았던 자들의 죄까지 사했던 인물, 그러한 역사役事를 위해 하느님이 이 땅에 보냈던 그의 단 하나뿐인 아들 아닌가.

그런 그를 있는 그대로 재현해 내야 했다. 눈곱만큼이라도 훼손해서는 아니 되었다. 그는 자신의 한계까지 밀어붙인 최후의 기법을 쓰기로 했다. 최선을 다했다. 그 결과물이 바로 세계에서 단 하나뿐인 그리스도상, 권진규의 건칠 〈십자가 위 그리스도〉였다. 그가 남긴 가장 큰 조상이었으며 그의 땀과 혼이 켜켜이 밴 역작이었다.

완성되었다고 기별을 하니 목사가 한걸음에 달려왔다. 그도 매우 궁금했던 모양이다. 그러나 목사의 얼굴은 금세 실망의 빛을 띠었다. 전신이 숯덩이인 양 온통 검정인 것부터가 마음에 안 든 것 같았다. 기형적으로 긴 팔 하며 유난히 큰 손바닥, 머리 위에 가시면류관 대신 얹힌 프로펠러 모양까지 모두 다 볼썽사나워하는 것 같았다.

하는 수 없었다. 언젠가 아틀리에에 들른 조각가 최

(사진 9) 〈여인두상〉, 1960년대, 테라코타, 25.0×17.0×14.0cm. 개인 소장. 성북구립미술관 제공.

(사진 10) 권진규 생전 아틀리에 벽면에 걸려 있던 〈십자가 위 그리스도〉, 1972-1973년.

만린1935-2020이 "저 작품 참 좋다."라고 하길래 테라
코타 작품 하나(사진 9)[18]를 선물로 주었던 권진규다.
자신의 작품을 마음에 안 들어 하는데 떠맡길 권진규
가 아니었다. 재료비나 수고비를 받아 챙길 권진규가
아니었다. 쓰다 달다 아무 말 않고 목사를 그냥 돌려
보냈다. 속으로 잘 됐다 싶었는지도 모른다.

그는 다음 해 연말 명동화랑 초대 전시전에 〈십자
가 위 그리스도〉를 출품했다. 테라코타 〈손〉과 함께
였다. 38점이 출품되었으나 팔린 작품은 없었다. 전
시가 끝나고 출품한 작품들 중 더러는 명동화랑에 맡
겨졌다. 후에라도 팔리면 생활에 보태 쓸 요량이었다.
2021년 이건희 컬렉션에 포함되어 국립현대미술관
에 기증된 〈손〉이 당시 그 안에 포함되었던 작품이다.
더러는 도로 아틀리에로 가져왔다. 〈십자가 위 그리
스도〉는 돌아왔다. 다시 아틀리에 왼쪽 벽면 높이 천
장에 붙다시피 걸렸다(사진 10). 이후 줄곧 그 자리에
있었다. 그리고 1년여 후 〈십자가 위 그리스도〉는 권
진규가 세상을 떠나는 순간을 조용히 지켜 주었다. 혹
그와 그가 남긴 작품들의 불멸을 기원해 주었던 것은
아닐까.

겨울 마당

아홉

〈불상〉, 미륵의 강림을 염원함

1. 권진규는 '나도 밤나무'였다

울릉도에 산신령이 살았다. 눈발이 날리는 어느 날 마을로 내려왔다. 사람들에게 봄이 되면 뒷산 언덕에 밤나무 백 그루를 심으라고 했다. 산신령 말씀이니 모두 군말 없이 따랐다. 튼실한 묘목을 구해 백 그루를 심었다. 커서도 가지끼리 맞닿지 않도록 간격을 널찍하게 두었다. 그런지 십 년이 흐르고 다시 십 년이 흘렀다. 심은 밤나무들은 모두 잘 자라나 가을마다 마을 사람들에게 밤을 떨궈 주었다. 그러던 어느 가을날 산신령이 홀연히 다시 나타나 마을 사람들에게 물었다. "내가 말한 밤나무 백 그루를 틀림없이 심었느냐?" 모두 황망해하며 머리를 조아렸다. 그러자 산신령은 다 같이 확인하러 가자며 앞장섰다. 문제가 될 것 없었다. 마을 사람들은 발걸음 가볍게 뒤따라갔다. 분명히 백 그루를 심었기 때문이었다. 하나, 둘, 셋, ... 세기 시작했다. 거의 다 세어 갔다. 아흔일곱, 아흔여덟, 아흔아홉. 어라? 한 그루가 없었다. 산신령이 물었다. "어떻게 된 일이냐." 마을 사람들은 당황했다. 산신령이 노하면 틀림없이 재앙을 내릴 것이기 때문이었다. 두 번, 세 번 다시 세었다. 마찬가지였다. 아흔아홉 그루였다. 산신령이 종내 매우 언짢아하며 추궁했다. "어찌 된 일이냐. 내 말을 어기고 나를 속였다는 것이냐." 마을 사람들은 사시나무 떨듯 떨었다. 그때였다. "나도 밤나무!" 짧은 소리가 들려왔다. 다른 밤나무들보다 작은 나무 하나가 말하고 있었다. 산신령이 물었다. "뭐라, 너도 밤나무라고?" 작은 나무는 답했다. 겸양어도 모르고 말이 짧았으나 또렷했다. "나도 밤나무!" 사람들은 조마조마했다. 그들이 보기에도 밤나무가 아니었다. 산을 뒤흔들 호통이 떨어질 것이었다. 그런데 산신령은 한바탕 너털웃음을 터트리더니 "이놈 봐라. 모두 잘 지켜보거라." 하고 사라졌다. 이후 마을 사람들은 작은 나무를 '너도밤나무'라 부르며 소중히 여겼다. 그래서 울릉도 태하재에 너도밤나무 군락이 생겨난 것이었다.

권진규 집안은 대대로 함흥에 살면서 시제를 남부

럽게 크게 올렸다. 실향해 남으로 와서는 경기도 금곡에서 해마다 단출하게나마 정성껏 올렸다. 권진규도 시제만큼은 빠지지 않고 참석했다. 전형적인 유교 집안의 모습이었다. 그렇다고 유교를 그의 종교라고 할 일은 아니었다. 종교를 절대자와의 관계 맺기를 일컫는 것이라 한다면 동아시아에서 유교는 오래도록 사회 관습이었지 종교는 아니었다. 유교 집안의 적잖은 안주인들이 그랬듯 권진규의 어머니도 불제자였다. 독실했다. 종종 사찰에 가서 예불도 올리고 시주도 하는 어머니 모습을 보고 자란 터라 불교가 권진규에게 생소한 세계는 아니었다. 하지만 늦도록 직접적인 연은 없었다.

속리산 법주사에 대불이 있다. 〈금동미륵대불〉인데 높이가 33m에 달한다. 세계에서 가장 크다는 주장이 있으나 사실은 그렇지 않다.[1] 신라 제36대 혜공왕 때 청동 장육상丈六像으로 처음 세워졌다는 설이 있으나 관련한 기록은 없다. 장육이란 1장 6척, 대략적으로 4.8m에서 5m 정도를 말한다. 석가모니의 신장과 같다고 해서 등신불等身佛이라고도 한다.[2] 정유재란 1597-1598때 소실되었다가 후에 재건되었으며 이를 조선조 말 흥선대원군이 당백전의 재료로 쓰기 위해 뜯어 썼다고 전해진다.

법주사가 그런 전래 불상의 복원에 나선 것은 일제 때인 1939년이었다. 한국 근대 조각의 선구자인 김복진1901-1940이 시멘트로 대불 제작에 나섰다. 그러나 마무리 공사를 앞두고 그는 이듬해 8월 세상을 떠났다. 법주사는 1947년 김복진의 제자 윤효중1917-1967에게 마무리 작업을 의뢰했다. 윤효중은 오래전부터 데리고 있던 조수 백문기1927-2018와 얼마 전에 알게 된 청년 하나를 데리고 법주사로 향했다. 미술사학자 최열은 그때의 모습을 이렇게 묘사하고 있다.

> "이들은 법주사 스님과 함께 (1947년) 8월 18일 스승 김복진의 기일에 맞춰 부처님 앞에 공양供養하는 제祭를 지낸 다음, 작업을 개시했다. 6개월 동안 작업을 이어갔다. (…) 세부 다듬기를 끝냈을 것이라고 추측된다."[3]

청년은 그 작업 이전까지 제대로 된 조소·조각 수업을 한 번도 받아 보지 못한 인물이었다. 미술 수업이라야 일제 때 공립중학교에 다니면서 들은 것 그리고 그해 3월 이쾌대의 성북회화연구소에 나가기 시작하면서 5개월 정도 받은 것이 전부였다. 다름 아닌 권진규였다. 윤효중과 일면식도 없던 그가 '나도 밤나무'했더니 윤효중이 '그래, 너도 밤나무' 하며 받아 준 것이었다. 그렇게 그는 한국 근대 조각과 연을 맺었다. 불교와 인연을 맺었다. 불연佛緣이 그를 조각가의 길로 이끈 것이었다.

　그 이듬해 1948년 권진규는 일본에 밀항해 들어갔다. 일본 야마가타현 사카타시에 있는 대학 부속병원에서 의사로 근무하고 있는 첫째 아들 진원이 악성 폐렴을 앓고 있어서 부친이 간병차 둘째를 보낸 것이었다. 다음 해 봄, 형 진원은 병을 이기지 못하고 세상을 떠나고 만다. 그러나 권진규는 귀국하지 않는다. 도쿄로 가서 미술학원에 다녔고 이듬해 무사시노미술학교 조각과에 입학한다. 그곳에서 스승 시미즈 다카시로부터 체계적으로 근대 조소·조각 기법을 배운다. 1953년 졸업하던 해 그는 이과전에 작품 〈기사〉로 특대의 상을 받으며 일본 미술계에 데뷔한다. 주목받는 신진작가로 입지를 다져가던 1955년 배나무로 〈보살입상〉(사진 1)을 제작한다. 자신을 조각의 길로 이끈 불연을 다시 찾은 것이었다.

　다시 찾은 불연은 이후 면면히 이어졌다. 그는 만든 인물상마다 또한 자소상에도 그가 알고 있는 불심佛心을 조소하고 조각하였다. 그러다가 1970년과 1971년 두 해에 걸쳐 불상 제작에 몰두하였다. 생애에 걸쳐 위 〈보살입상〉 한 점을 포함 총 여덟 점의 불상을 만든 것으로 파악되고 있다.

(사진1) 〈보살입상〉, 1955년, 나무, 54.3×13.3×10.9cm. 개인 소장.

2. 처음 보는 1상 2격의 〈불상〉을 만들었다

예수상은 하나이다. 예수가 유일한 존재이니 예수상은 종류가 여럿일 수 없다. 오직 하나, 예수 그리스도상뿐이다. 불상은 다르다. 종류가 하나가 아니다. 여래如來상이 있고 보살菩薩상이 있다.

여래란 '여실히 오는 자', '진여眞如에서 오는 자'로 풀이된다. '지금까지 있었던 부처들과 같은 길을 걸어서 열반의 피안에 이른 사람', '진리에 도달한 사람'을 뜻한다. 오늘날에 이르러서는 불(부처, 불타)佛, 세존世尊 등과 같이 쓰인다.[4] 보살은 불도의 서원誓願을 세워 수행하는 자를 말한다. 위로는 보리菩提, 즉 정각正覺의 지혜를 구하고 아래로는 중생을 제도한다. 여래도 여럿 있고 보살도 여럿이다. 그런 만큼 불상은 무슨 무슨 여래상, 무슨 무슨 보살상이라고 하여 여러 종류이다.

여래는 수행 보살이 깨달음을 얻어 성불하게 된 존재이다. 대표적으로 비로자나여래·아미타여래·약사여래·석가여래의 4불이 있다.

비로자나여래는 법신불, 즉 모든 부처의 진신眞身이다. 육신이 없는 진리 그 자체이므로 보통 사람의 육안으로는 볼 수 없는 광명의 부처이다. 그는 허공과 같이 끝없이 크고 넓다. 우주 어디에나 존재함으로써 우주 전체를 관장한다. 중생이 진심으로 기도하고 간절히 희구하면 언제 어디서든 그에 알맞게 행동하고 설법한다. 우리나라 사찰에서 비로자나여래는 대개 대적광전 혹은 대광명전에 봉안되어 있다. 서기 766년에 제작된 산청 내원사의 석조비로자나불상, 불국사 비로전에 있는 금동비로자나불좌상이 대표적이다.

아주 오래전, 지금으로부터 10겁劫 전에 법장이라는 구도자 보살이 있었다. 일찍이 그는 남을 이롭게 하는 48개 이타행利他行의 서원을 세웠다. 오래 수행한 끝에 모두 다 이룸으로써 마침내 성불하게 되는데 그 성불한 부처가 아미타여래이다. 아미타여래는 사후 세계를 관장한다. 극락세계에 머물면서 '나무아미타불'하며 염불하는 중생들을 사후에 극락으로 데려간다. '나무'는 귀의한다는 뜻이고 '아미타불'은 아미타여래를 말한다. 불국사에 금동아미타여래좌상, 부석사에 무량수전 소조아미타여래좌상이 있다.

약사여래는 현세에서 중생의 질병을 고쳐 주는 부처이다. 몸의 병뿐만 아니라 번뇌 같은 마음의 병, 그리고 그릇된 앎이나 무지의 병까지 고쳐 준다. 약사여래상은 왼손에 약통을 들고 있다. 고려 전기 시대에 제작된 것으로 보이는 철조 약사여래좌상은 원주 학성동에서 발견되어 국립박물관에 소장되어 있다. 충남 당진 영탑사에는 고려 말 무학대사가 나라의 태평과 국민의 평안을 빌기 위해 세운 석불 약사여래상이 있다.

석가여래는 부처가 된 석가모니를 말한다. 특히 인간 세계를 관장한다. 그는 특정한 모습을 지니지 않고 변화무쌍한 모습으로 나타나는 화신化身이다. 천백억의 모습을 지녔다. 범부의 모습일 수도 있고 불법佛法을 수호하는 신일 수도 있으며 마귀나 가축, 개·고양이로 나타날 수도 있다. 교화의 대상에 따라 적절한 모습으로 변하여 나타나 중생을 구제한다. 석가여래상은 항마촉지인降魔觸地印의 수인手印을 가졌다. 수인이란 불상의 손 갖춤을 말한다. 항마촉지인은 왼손은 손바닥을 위로 향하게 하여 가부좌를 튼 왼쪽 다리 위에 가만히 얹으며 오른손은 손바닥을 오른쪽 무릎에 대고 다섯 손가락을 모아 땅을 가리키는 손 갖춤이다. 석가모니가 깨달음을 얻는 순간 방해하는 마귀를 물리치며 땅속의 지신을 가리켰기에 갖게 된 석가여래상 특유한 손 갖춤이다. 석굴암의 본존불이 바로 석가여래상이며 석가여래상은 사찰의 대웅전에 주로 봉안되어 있다.

권진규는 1971년 2월 28일부터 3월 29일까지 양
산 통도사 수도암에 머물렀다. 그는 동선동에서 함께
살던 조카 허명회에게 다음과 같은 편지를 보냈다. 허
명회는 당시 경기고등학교 1학년이었으며 누이 경숙
의 네 아들 가운데 셋째로 친아들이 없는 그에게 아들
과 같은 조카였다. 후에 통계학자가 되지만 예술에도
재능이 남달랐다.

　　"수도암기 3월 7일
　　통도사에는 암자가 13개나 있는데 당 수도암修道庵은 그
　　중에서도 말사末寺라 다 기울어져 가는데 아주 조용한 데
　　라 사람도 안 오고 아주 공부하기 좋구나. 그래서 제1불
　　第一佛은 거의 다 파고 제2불第二佛을 팔 참인데 전일 부탁
　　한 것이 아직 미착未着이라 일 중단하고 있네. 발송하였을
　　줄 믿으나 어찌 되었는가. 혹시 서울 공대工大에서 전화
　　오면 절에 갔단 말은 말고 지금 좀 바빠서 수일 내엔 나
　　간다고 대답해 주게. 그럼 안녕. 삼촌"⁵

　　편지글로 미루어 보면 그는 서울대학교 공과대학
건축학과 『조각』 수업을 학교에 알리지도 않고 휴강
하면서 산사에 파묻혀 있는 것이었다. 그것도 새 학년
신학기 초였다. 성실에 관한 한 세상에서 둘째가라면
서운해할 권진규였다. 평상시라면 상상도 못할 일이

(사진 2) 〈불상〉, 1971년, 나무에 채색, 45.0×24.2×17.5cm. 개인 소장.

었다. 그런데 그런 일이 있었다. 그러면서 그는 목각 〈불상〉(사진 2)을 만든 것이었다.

목 아래 부분부터 보자. 입은 옷을 보자. 오른쪽 어깨를 벗고 왼쪽 어깨만 가사를 걸친 우견 편단右肩遍袒 양식의 법의法衣를 걸쳤다. 수인을 보자. 항마촉지인을 하고 있다. 우리 눈에 익은 석굴암 본존불과 같다. 틀림없는 석가여래상이다. 그러나 석굴암 본존불과 사뭇 다른 체형이다. 석굴암 본존불은 어깨가 매우 넓게 떡 벌어져 있으며 가슴통도 매우 우람하다. 우리가 사찰의 대웅전에서 만나는 석가여래상도 대개 그러하다. 그런데 권진규의 〈불상〉은 어깨나 가슴통이 보통 사람 정도이다. 불상치고는 날씬하다 싶을 정도이다. 석굴암 본존불보다 양감이 덜한 다른 석가여래상을 참고하여 제작되었을 가능성이 큰 것이다.

무사시노미술대학 교수 박형국은 권진규가 참고한 불상으로 10세기 고려 초기 대표적 불상인 〈철조여래좌상〉(사진 3)을 특정한다.[6] 이 불상은 높이 94cm 정도의 작은 크기이다. 보면 어깨나 가슴통이 잘 발달해 있긴 하나 석굴암 본존불만큼은 아니다. 그렇게 볼 때 권진규의 〈불상〉은 석굴암 본존불보다는 고려 때 〈철조여래좌상〉을 참고로 했을 가능성이 크다고 하겠다. 참고로 하였으되 그러나 모본 삼아 조형한 것은 아니

(사진 3) 〈철조여래좌상〉, 고려시대, 철, 94.0cm(높이). 국립중앙박물관 소장.

(사진 4) 〈금동보살반가사유상〉, 삼국시대, 금동, 90.8cm(높이). 국립중앙박물관 소장.

었다. 권진규는 자신의 〈불상〉에 그보다 훨씬 보통 체격을 가진 사람의 체형을 입혔다. 왜 그랬을까. 그렇게 함으로써 중생이 보다 친근하게 접근할 수 있는 석가여래를 드러내고 싶었던 것은 아니었을까.

시선을 위로 들어 불상의 목 위 머리 부분을 보자. 머리 모양이 불타가 아니다. 여래는 모두 육계肉髻를 갖고 있다. 육계란 정수리에 있는 뼈가 솟아 머리에 상투 모양이 만들어진 것을 말한다. 또한 부처는 모두 소라 껍데기처럼 틀어 말린 머리털, 즉 나발螺髮을 하고 있다. 그런데 권진규의 〈불상〉은 그런 불두佛頭를 하고 있지 않다. 박형국은 권진규가 석가여래의 몸체에 신라 시대 때 만들어진 〈금동보살반가사유상〉의 머리를 올렸다고 보았다.[7] 반가半跏는 다리를 반가부좌를 했다는 것이다. 국립중앙박물관에 소장되어 있는 〈금동보살반가사유상〉(사진 4)의 머리 부분을 보자.

머리 위에 세 개의 반원을 이어 붙인 모양의 관을 쓰고 있다. 봉우리가 셋인 산 모양이라 하여 삼산관三山冠이라고 부른다. 콧날이 서고 코끝이 화살촉 모양을 하고 있다. 둘이 똑같다. 권진규 〈불상〉의 머리는 영락없는 〈금동보살반가사유상〉의 머리였다.

그는 왜 석가여래의 몸체에 보살의 머리를 얹은 불

상을 만든 것일까.

그 이유를 탐색하기 전에 그의 기발한 착상과 착상을 실행에 옮긴 용기에 박수를 보내고 싶다. 우리가 아는 한, 그 이전 아무도 그런 시도를 하지 않았다. 아니 못했다. 누가 감히 석가여래의 머리를 떼어 낸다는 말인가. 해탈한 존재에 어찌 감히 수행자 보살의 머리를 얹는다는 말인가. 독실한 불제자로부터 지탄을 받는 것은 물론 자칫 실성한 자의 망발이요 불성佛聖 모독이라고 배척 당할 수도 있는 일이었다.

그러나 그런저런 매도의 우려가 통도사 말사 수도암에 틀어박혀 작업에만 몰두하고 있는 권진규의 귀에 들릴 리 없었다. 그의 실험 정신은 깊은 산의 정기를 받았는지 새봄에 돋아나는 풀처럼 생생하게 살아 있었다. 애초 착상한 그대로 실행에 옮겼다. 석가여래상에서 머리를 떼어 내고 대신 보살의 두상을 올렸다. 상 하나에 여래와 보살의 격이 결합된 1상 2격의 〈불상〉을 만든 것이다. 세상에 달리 없는 유일무이한 불상이 탄생한 것이었다. 겁 없는 창조적 파괴였다.

대체 왜 그는 그런 불상을 만든 것일까. 그로써 무엇을 이야기하고자 한 것일까. 무엇을 소원했던 것일까.

그가 석가여래의 목 위에 올린 보살은 미륵보살이

었다. 미륵보살이 누구인가. 20여 년 전 법주사에서 그에게 불연을 맺게 해 주고 조각가의 길에 들어서게 해 준 바로 그 보살이 아닌가. 그래서 권진규에게 특별한 보살이다. 미륵보살은 우리가 사는 현세 사바세계에 아직 오지 않았다. 그는 일찍이 석가여래의 교화를 받으면서 수도하였다. 미래에 성불하리라는 수기授記를 받은 몸이다. 석가여래로부터 미래에 깨달음을 얻게 될 것이라는 예언을 받은 자이다. 그는 한참 후 먼 미래에 오게 되어 있다. 지금은 도솔천兜率天이라고 불리는 지족知足의 하늘에 올라가 하늘나라 사람들을 위해 설법하고 있다. 다른 한편 그는 다시 태어날 때까지 먼 미래를 생각하며 명상에 잠기곤 한다. 그런 그를 재현한 것이 〈미륵보살반가사유상〉이다.

권진규가 자신의 〈불상〉 머리에 〈미륵보살반가사유상〉의 머리를 올린 것은 세상이 갈수록 각박해지고 있어서가 아닐까. 1959년 귀국한 이래 온 힘을 다해 궁핍과 배제를 견디어 왔으나 서울살이가 더 이상 버틸 수 없는 극한에 이르렀기 때문이 아닐까. 그런 만큼 그는 오늘도 세상의 부조리에 휘둘리고 있는 중생들의 고초를 너무도 잘 안다. 이런 중생들에게 미륵보살이 오게 되어 있다는 먼 미래는 기다리기에 너무도 멀다. 하루하루가 절박하다. 방법은 두 가지이다. 하

나는 미륵보살이 현재 있는 도솔천에 가서 사는 것이
다. 다른 하나는 미륵보살이 하루빨리 지상에 강림하
는 것이다.

권진규는 그의 〈불상〉에 미륵보살이 하루빨리 지
상에 강림하기를 바라는 염원을 담았던 것 아닐까. 자
신을 위해서 또한 다른 모든 중생을 위해서! 그런 염
원이 이루어지면 참으로 다행스럽고 복된 일이다. 그
러나 그렇지 않은 경우는 어찌해야 하는가. 어쩔 수
없이 스스로 도솔천 하늘로 올라가는 수밖에 없는 것
아닌가. 그때 그는 이미 그런 생각을 하기 시작했던
것은 아닐까.

3. 목각 · 테라코타 · 건칠의 3상 〈불상〉을 만들었다

그는 조카 허명회에게 보내는 편지에서 불상 목각
하나는 거의 마쳤고, 이어서 하나 더 제작하려고 한다
고 썼다. 편지 쓴 날로부터 20여 일 더 암자에 머물렀
으므로 생각한 대로 총 두 점을 제작했을 듯싶다. 현
재 남아 있는 목각 〈불상〉은 한 점뿐이다. 평소 그의
행동 방식으로 보아 다른 한 점은 통도사 수도암에 기
거할 수 있도록 편의를 보아준 스님에게 드리고 오지

〈사진 5〉〈불상〉, 1971년, 테라코타에 채색, 34.3×26.4×15.6cm. 개인 소장.

(사진 6) 〈불상〉, 1971년, 건칠, 37.1×28.6×16.0cm. 개인 소장.

않았을까 싶다.

서울로 올라온 권진규는 목각 불상을 모본으로 하여 테라코타 〈불상〉(사진 5)을 한 점 만들었다. 조각과 조소의 차이, 목각과 흙 조소의 차이를 확연히 느끼게 해 준다. 이어서 그는 테라코타 거푸집으로 건칠 〈불상〉(사진 6)을 제작했다. 그해 12월에 열린 그의 마지막 개인전, 명동화랑 전시에 테라코타 〈불상〉과 함께 건칠 〈불상〉도 출품했던 것으로 보인다. 그러나 모두 외면 당하고 만다.

권진규 작품 가운데 목각, 테라코타 및 건칠의 각기 다른 재료 및 기법으로 만들어진 작품은 〈불상〉이 유일하다. 이루 다 헤아릴 수 없을 만큼 많은 세상의 불상들 가운데 여래와 보살이 합체되어 1상 2격을 가진 불상도 이 〈불상〉이 유일할 것이며 목각, 테라코타 및 건칠의 3상으로 존재하는 불상 또한 권진규의 〈불상〉이 유일하지 않을까 한다.

열

〈흰소〉, 예술을 기리며 떠남

1. 〈입산〉으로 수도修道의 길을 기렸다

서울 성북구 동선동에 권진규아틀리에가 있다. 지하철 4호선 성신여대입구역에서 도보로 10분 거리, 언덕 중턱에 자리하고 있다. 1959년 여름 귀국한 권진규가 직접 구상해서 2년여 공사 끝에 손수 완성한 작업장이다. 아틀리에는 지붕이 매우 높다. 대형 기념물을 제작하려면 그래야 했다. 내부에 작은 우물을 팠고 가마를 두었다. 물을 길어서 찰흙을 빚고 구워서 테라코타를 제작하려고 한 것이었다.

아틀리에가 완성되자 그는 작품 제작에 몰두하기 시작했다. 1963년부터였다. 그해 5월 그는 고구려 무용총의 주작도를 참고로 하여 테라코타 〈해신〉을 제작했다.[1] 8월에는 예전 자신이 마무리 작업에 참가했던 대불을 보러 속리산 법주사에도 다녀왔다. 한국 근대 조각의 선구자 윤효중 앞에서 '나도 밤나무' 했던 때를 회상하며 그는 오랜만에 깊은 감회에 젖었다. 그런 지 2년 만이었다. 그는 1965년 9월 초 신문회관에서 그의 첫 개인전을 갖게 된다. 그때 출품된 작품 수가 총 45점이었다. 〈입산〉(사진 1 / 2)은 그 가운데 하나였다. 1964년 겨울에 만든 작품이었다.

〈입산〉, 이게 뭐지? 아직 아무도 그렇게 묻지 않았던 듯하다. 화제가 되지 않은 것이다. 화두로 삼지 않았으니까. 화두가 뭐지? 화두가 뭘까. 법산스님이라는 우리 시대의 대표적인 학승이 있다. 한 언론과의 인터뷰에서 그는 이렇게 설파했다.

"한 스님이 스승에게 법당 앞에 있는 개를 가리키며 '이 개에게도 불성이 있습니까' 하고 물었더니 스님이 무無라고 대답했어요. 제자가 '왜 개에게 불성이 없다고 생각하십니까' 하고 묻자 스승이 '네가 찾아봐라'고 했어요. '왜 없다고 할까'가 제자에게 화두가 되는 겁니다. 어떤 사람이 스님에게 '불법의 적적대의가 뭡니까' 하고 묻자 스님이 '나는 오줌 누러 간다'면서 나갔어요. 불법에 대해 물었는데 왜 소변을 보러 간다고 하셨을까요. 소변이 마

〈사진 1〉〈입산〉, 1964년, 나무, 106.0×93.0×23.0cm. (사)권진규기념사업회 기증.
서울시립미술관 소장.

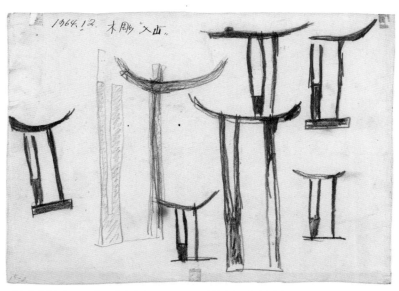

(사진 2) 〈입산〉, 1964년, 종이에 연필, 19.8×27.0cm. (사)권진규기념사업회 기증.
서울시립미술관 소장.

려우면 자기가 누러 가야지 남이 대신 눌 수 있는 게 아니거든요. 마찬가지로 의문을 스스로 찾아 풀어야 한다는 뜻입니다. 의문을 돌려주는 것, '왜?'가 화두인 것이죠. '왜?'가 중국말로 '시심마是甚麼'이고, 우리말로 '이 뭐꼬'입니다."[2]

요컨대 화두란 '이 뭐꼬?'란다. 〈입산〉, 이 뭐꼬?'가 화두인 것이다. '입산'이 유일한 팁이다. 그다음은 화두를 던진 자의 몫이다. 그가 찾아가고 풀어 가야 하는 것이다. 잘 풀든 못 풀든 크게 상관은 없다. 정답이란 사지선다 혹은 오지선다형 문제에나 있는 것이다. 그렇지 않은 문제엔 정답이란 것은 없다. 어떻게 풀어가도 나름 매듭을 풀어 보이면 된다. 또 다른 '이 뭐꼬?'를 차단하지만 않으면 그것으로 이미 좋다. 다른 이들로부터 많은 공감을 받는다면 그때는 훌륭하다. 무릇 화두와 해법에는 절대라는 것도 권위라는 것도 없다.

'입산'이란 '입산수도入山修道'를 줄인 말이다. 출가승인 비구 혹은 비구니가 가는 길이다. 대체 어떤 길일까.

〈입산〉은 목각이다. 1미터 조금 넘는 나무 받침대 위에 1미터 가까운 나무 막대를 올리고 있다. 만든 재질, 나무木가 '나무아미타불'의 나무南無와 독음이 같다. 그래 보니 여래에 '귀의'하는 불제자의 불심이 이미 나무에 스며들어 있는 듯하다.

받침대 위에 올려진 긴 나무 막대는 아마도 수도의 길이다. 막대 왼쪽 끝이 뭉텅하다. 뭉텅한 끝 왼쪽에서 걸어온 속세가 잘려 나간 것이리라. 막대 오른쪽 끝은 다소 뾰족하다. 무언가를 지향하고 있는 듯하다. 아직 끝나지 않은 끝이 아닌가 싶다. 한눈에 받아든 막대 전체는 목검으로 보인다. 칼은 생명을 빼앗는 데 쓰기도 하고 살리는 데 쓰기도 한다. 목검은 수련하는 데 쓴다. 받침대 위 막대는 살생도殺生刀가 아닌 활생검活生劍이겠다. 수도란 불도佛道를 닦는 일이다. 살아 있는 것을 살도록 하는 것이 불도 아닌가.

목검은 두 개의 받침대 위에 세워져 있다. 왼쪽 막대는 두 갈래로 뻗쳐서 불도의 길을 받치고 있다. 갈래 하나는 고행의 고가高架이고 다른 하나는 참선의 고가이겠다. 오른쪽 막대는 굵고 곧다. 수직으로 세워져 있다. 깨달음의 고가이리라. 수도자가 걷는 길은 목검의 칼등 위이다. 자칫하면 아래로 굴러떨어지기 십상이다. 그렇지 않으려면 온갖 잡념을 떨치고 염불에 정진해야 한다. 고된 고행과 오랜 참선 끝에 수도자는 마침내 깨달음의 고가 위에 도달하게 된다. 그러나 거기에서 멈추지 않는다. 여래로부터 미래에 성불하리라는 수기授記를 받고 다시 정진해 나아간다.

권진규의 〈입산〉은 불도의 길을 그렇게 조형했던 것이 아닐까. 그로써 불도의 길을 가고자 하는 이들, 가고 있는 비구와 비구니들에게 오마주를 바치고 싶었던 것일 게다.

2. 〈흰소〉로 예술의 길을 기렸다

그렇듯 권진규가 택한 길은 입산수도의 길이 아니었다. 예술의 길이었다. 1947년 '나도 밤나무' 하며 뛰어든 법주사 미륵대불 마무리 작업에서부터 줄곧 그 길을 걸어왔다. 예술은 어떤 길인가.

"인생은 짧고 예술은 길다." 국어사전에 보면 '인생은 백 년을 넘기기 어려우나 한번 남긴 예술은 영구히 그 가치를 빛낸다는 말'이라고 해설되어 있다. 흔히 그런 뜻으로 전용되어 쓰인다. 하나 본디는 그런 뜻이 아니었다. 뭘 좀 익혔다고 깝죽대지 말라는 뜻이다.

의과대학에서 소정의 의학 수련을 마친 졸업생들은 '히포크라테스 선서Hippocratic Oath'를 한다. 전 세계 대학교 졸업식에서 공통적으로 행해지는 유일무이한 의식이다. 그 히포크라테스가 동료 의사와 제자들에게 한 말이다. 찰스 다윈Charles Darwin 1809-1882의 영문 번역은 이렇다. "Life is short, and Art long; the crisis fleeting; experience perilous, and decision difficult." 우리말로 옮겨 보자. "인생은 짧고, 예술은 길다. 위기는 순식간에 지나가고 경험은 위태롭기 짝이 없으며 판단은 어렵다."

그가 말하는 예술이란 의술이다. 환자를 살리고 못살리고 하는 절박한 순간은 지극히 짧다. 의사는 허락된 그 짧은 순간에 경험을 바탕으로 판단을 내려야 한다. 그런데 축적된 경험이란 늘 충분하지 못하다. 그러니 매번 임상臨床마다 판단이 어려울 수밖에 없다. 의사가 절박한 순간 옳은 결정을 내리기 위해서는 몸의 병을 고치는 예술, 즉 의술 공부를 더욱더 깊게 해야 한다. 시간이 오래 걸린다. 그래서 의술은 길다고 한 것이다.

중국 송나라 때 유학자 주희朱熹 1130-1200가 쓴 한시에 "소년이로 학난성少年易老 學難成"이라는 구절이 있다. 나이 먹기는 쉽고 학문을 이루기는 어렵다는 뜻이다. 같은 이야기다. 의술이든 학술이든 또 예술이든 경지에 오르려면 오래 갈고닦아야 하는 것이다. 오래 갈고닦아도 모두가 다 경지에 오르지는 못한다. 공부가 깊은 극히 일부에게만 높은 경지가 허락된다. 에베

레스트산에 오르는 등반가 모두에게 정상 등정이 허락되지 않는 것과도 같다.

사람은 갔어도 그가 남긴 예술 작품은 오래 남는다. 틀린 이야기가 아니다. 그런데 그렇듯 오래 남는 작품을 남기려면 오래 추구해야 한다. 정진해야 한다. 예술의 길은 길고 먼 것이다. 그 길고 먼 길을 걷고 걸어 경지에 오른 이들이 있다. 마땅히 그들은 기려져야 한다.

이중섭은 살아생전 한국 화단에서 높은 평가를 받았던 인물이었다. 그의 재능은 '화단의 귀재鬼才'로 표현되었고 작품은 '현대의 불안 의식과 저항 의식이 침전된 허무의 서자庶子'로 묘사되었다. 외국 평자의 눈에는 '오래전에 잃어버린 전설과 제의祭儀로서 몽상적인 동양미술의 완전한 일례'였다.[3] 1972년 봄, 그 이중섭의 유작전이 인사동 현대화랑에서 열렸다. 당초 3월 20일에서 29일까지 예정된 전시였는데 많은 관람객이 몰려들어 전시 기일이 4월 9일까지 연장되었다.

권진규는 살아생전 이중섭을 만난 적도 그의 작품 전시를 본 적도 없다. 그러나 그의 높은 성가聲價에 대해서는 들어서 익히 알고 있었다. 궁금했다. 대체 작품이 어떻기에? 전시회에 갔다. 이중섭의 〈황소〉(사진 3)와 〈흰소〉 앞에 섰다. 매우 좋았다. 권진규는 평소 사진기를 늘 메고 다녔던 사람이다. 기록도 할 겸 작품을 만들 때 참고도 할 겸 해서였다. 그날도 사진기를 메고 있었다. 요즘은 전시된 작품 촬영을 허락하는 곳이 많다. 플래시 사용만 금한다. 그러나 당시는 일절 촬영이 금지되었던 때였다. 권진규는 손에 들고 있던『황순원 전집』제2권을 펴 들었다. 내지에 이중섭의 〈황소〉와 〈흰소〉를 스케치했다.[4] 〈흰소〉는 전신을 그린 그림이고 〈황소〉는 머리 부분을 크게 클로즈업해 그린 그림이었다.

아틀리에에 돌아온 권진규는 이중섭의 〈황소〉를 모본으로 작품을 만들기 시작했다. 소머리를 만들 요량이었으니 그편이 훨씬 나았다. 며칠 후 권진규의 테라코타 〈흰소〉(사진 4)가 완성되었다. 그가 마지막으로 만든 최후의 작품이었다.

'범인에게는 침을, 바보에게는 존경을, 천재에게는 감사를.' 1971년 권진규가 자신의 아틀리에 벽에 써 놓은 낙서이다. 그때 그는 스스로를 누구라고 생각했을까. 천재? 천만에. 아마도 '바보'였을 것이다. 도모가 말했던 바보, 바로 우직하게 일만 하는 황소 같은 바보였을 것이다. 그 '바보'는 이중섭의 〈황소〉를 보자 급히 스케치를 했다. 이를 모본으로 테라코타 소머리를 제작할 생각이 불현듯 인 것이었다.

(사진 3) 이중섭, 〈황소〉, 1950년대, 종이에 유채, 26.4×36.7cm.
국립현대미술관 소장.

(사진 4) 〈흰소〉, 1972년, 테라코타에 채색, 31.1×48.5×42.1cm. 개인 소장.

(사진 5) 〈흰소〉, 1972년.

(사진 6) 〈흰소〉, 1972년.

그는 이중섭이 남긴 작품을 3D 입체로 변환하였다. (사진 4)에서 보듯이 〈황소〉의 보이는 왼쪽 얼굴과 왼쪽 눈을 근사하게 재현해 냈다. 〈황소〉의 보이지 않는 오른쪽 얼굴과 오른쪽 얼굴도 이중섭이 그렸을 모습으로 되살려 냈다(사진 5). 뒷머리 부분까지 권진규는 매우 솜씨 좋게 입체 황소를 만들어 냈다(사진 6). 자신의 재능을 예술의 길에 온전히 쏟아부은 천재가 높은 경지의 작품을 남긴 것에 대해 오마주를 바친 것이었다.

그런데 권진규는 자신의 테라코타에 모본인 이중섭의 〈황소〉와 다른 흰색을 입혔다. 왜 그랬을까. 왜 누런 소가 아닌 하얀 〈흰소〉를 만든 것일까.

불도를 소를 찾는 일에 빗대어 그린 선화禪畵가 있다. 〈십우도十牛圖〉이다. 사찰 법당의 뒷면 외벽에 벽화로 많이 그려져 있는 그림이다. 따라가 보자.

동자가 (1) 어느 날 심우尋牛, 소를 찾아 나선다. (2) 머잖아 견적見跡, 소의 발자국을 발견한다. (3) 이윽고 견우見牛, 소를 찾아낸다. 색이 검은 흑우다. 사납고 거칠다. (4) 어쨌거나 득우得牛, 소를 붙잡는 데 성공한다. (5) 목우牧牛, 소를 길들여 정성껏 키운다. 소가 점차 하얗게 변해 간다. (6) 기우귀가騎牛歸家, 동자는 머리부터 꼬리까지 하얗게 변한 흰 소를 타고 집에 돌아온다. 깨닫는 방법을 터득한 것이다. 예술의 길이란 그런 과정과 흡사한 것이 아닐까.

권진규는 〈흰소〉로써 자신이 걸어온 예술의 길을 뒤돌아보고 있다. 천재가 아니면 어떤가. 바보면 어떠랴. 예술가연하지는 않았으니 그걸로 됐다. 예술가로서 나름 한계까지 자신을 밀어붙여 왔으니 그만하면 됐다. 인생길이란 두 발로 걸어갈 힘이 있는 때까지 가는 거다. 예술의 길이란 두 손으로 한계의 커튼을 한 뼘 더 들어 올릴 수 있을 때까지 가는 거다. 1972년 권진규는 〈흰소〉를 마지막으로 조용히 장인의 손을 내려놓았다.

3. 아틀리에는 새로운 인연의 공간이 되었다

〈십우도〉의 불도는 계속된다. (7) 망우존인忘牛存人, 사라진 소는 잊어라. 본연의 나를 보게 되었으니 됐다. (8) 인우구망人牛俱忘, 소에 이어서 나 또한 잊어라. 색즉시공色卽是空, 소도 나도 삼라만상 모두가 실체 없는 물상物象들이다. 그런 생각에서였는지 권진규는 1973년 5월 세상을 떠나기 전 지인 박혜일과 제자 김정제에게 발송한 편지에서 '인생은 공空'이라고 썼

(사진 7) 파손된 거푸집. 어느 작품의 무릎 부위로 보인다.

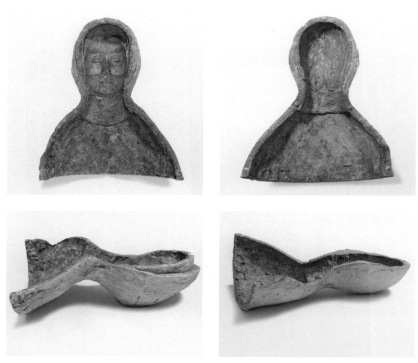

〈사진 9〉〈애자〉 거푸집, 1967년, 석고, 53.3×41.4cm. 권경숙 기증. (재)내셔널트러스트문화유산기금 소장.
피케이엠갤러리 제공.

(사진 10) 1959년 권진규 귀국 때 도모가 챙겨 준 그릇.

(사진 8) 1973년 떠났을 당시 권진규아틀리에 모습.

(사진 11) 권진규아틀리에 현재 모습. 허준율 제공.

다. 비탄 속에서 '파멸'이라고 덧붙였다. 실제 작품을 만들었던 거푸집들도 부수었다(사진 7). 하지만 모두 파멸된 것은 아니었다. 만든 작품들은 온전히 아틀리에에 남았다(사진 8). 거푸집 가운데는 〈애자〉 하나만이 온전히 살아남았다(사진 9). 1959년 귀국할 때 도모가 손에 들려 준 그릇 두 벌도 함께 남았다. 그가 떠날 때까지 일상적으로 썼던 그릇이다. 한 접시에는 음식 자국이 그대로 남아 있었다(사진 10).

권진규와 함께하는 동안 아틀리에는 물상이 공간을 채웠다. 그가 떠나고 나서 물상도 모두 떠났다. 하지만 물상을 빚는 인연因緣마저 사라진 것은 아니었다. 새로운 인연이 일었다. 권진규의 누이 경숙은 2006년 12월, 아틀리에를 재단법인 내셔널트러스트 문화유산기금에 기증하였다. 내셔널트러스트문화유산기금은 1년여의 보수 공사를 거쳐 2008년 5월 아틀리에를 시민에게 개방하였다(사진 11). 그렇게 권진규아틀리에는 이제 시민의 공간이 되었다.

인생을 살아가다 보면 힘든 시간이 있다. 그런 때 조용히 권진규아틀리에를 찾아가면 어떨까. 여럿이 함께면 더 좋다. 함께 다시 활력을 되찾을 수 있는 좋은 힐링의 공간이 아닌가 한다.

맺기

2022 새로운 여정을 떠남

1. 역사의 강이 커다란 뗏목을 띄워 주었다

그는 1973년 5월 4일, 51세의 일기로 떠났다. 화장
되어 망우리 공동묘지에 묻혔다. 그로써 서울살이 내
내 그토록 사납던 궁핍과 배제의 풍랑으로부터 마침
내 벗어난 것이었다. 묻힌 첫날 밤, 그는 비로소 마음
을 놓았다. 얼굴을 편히 하고 옆자리에 누워 계신 아
버지와 어머니, 그리고 형을 차례로 뵈었다. 그리고
제자리로 돌아와 영원히 누웠다. 저 높이 5월 밤하늘
의 별들이 눈이 시리도록 빛나고 있었다.

그간 49년의 세월이 흘렀다. 사후 권진규는 다시
'춤추는 뱃사람'이 되었다. 역사의 강은 그에게 호의

(사진 1) 권진규 누이 경숙의 초청으로 호암갤러리《권진규 회고전》에 온
도모, 1988년.

적이었다. 그를 커다란 뗏목 위에 올리고 큰물로 띄워 주었다. 과연 그는 솜씨 좋은 뱃사람이었다. 큰물이 받쳐 주자 물길을 잘 헤쳐 나갔다.

그가 떠나고 15년 후였다. 1988년 중앙일보사는 15주기를 기념하여 호암갤러리에서 《권진규 회고전》을 열었다. 테라코타, 건칠, 부조, 유화 작품 160여 점을 전시하였다. 당초 1월 7일부터 2월 23일까지 일정으로 전시하였으나 관람객이 줄을 잇는 바람에 전시를 3월 3일까지 연장하였다. 총 7만여 명의 관람객이 다녀갔다.[1] 권진규의 누이 경숙은 도모를 서울로 초청하였다. 도모는 아틀리에를 방문하고 호암갤러리에 와서 그와 다시 만났다(사진 1).[2]

이후 권진규의 작품이 미술 교과서에 소개되기 시작했다. 2020년 현재 19개의 교과서에 테라코타 환조 〈지원의 얼굴〉, 〈자소상〉, 〈말〉, 〈고양이〉, 〈검은 고양이〉, 〈흰소〉, 부조 〈곡마단〉, 〈기사〉 등이 수록되어 있다. 2011년부터는 일본 교과서에도 작품이 수록되기에 이르렀다.

2009년은 예술가 권진규에게 기념비적인 한 해였다. 무사시노미술대학은 개교 80주년을 맞아서 내·외국인 전체 졸업생들 가운데 '가장 예술적으로 성공한 작가' 1인을 선정하여 전시회를 개최하기로 하였다. 여러 후보자 가운데 최종 선정의 영예를 얻은 사람이 바로 1953년 무사시노미술학교 조각과를 졸업한 권진규였다. 무사시노미술대학은 도쿄국립근대미술관과 국립현대미술관에 함께 개최할 것을 제의했다. 두 기관이 흔쾌히 뜻을 같이하면서 일본 도쿄와 한국 서울에서 연이어 같은 전시회가 개최되었다. 사상 초유의 일이었다.

무사시노미술대학에 권진규 상이 제정되어 있다. 무사시노미술대학은 1982년부터 학부 졸업생을 대상으로 시미즈 다카시 상을 제정, 시행해 오고 있다. 권진규 상은 2011년부터 대학원 졸업생을 대상으로 매 격년 수상자 1인을 선정하여 시상해 오고 있다. 권진규 상은 작품 하나가 아니라 작가의 제작 태도 및 전 작품을 선정 기준으로 삼고 있다. 1회 때부터 민싱사나이, 이구치 유스케井口雄介, 최순옥, 신규항, 키무라 모모코木村桃子 등이 차례차례 수상했다.

권진규의 삶을 모티브로 한 연극도 공연되었다. 〈응시〉라는 연극으로 2011년 5월 12일부터 15일까지 대학로예술극장 대극장에서 막을 올렸다. 이호재, 전무송, 윤소정이 열연했던 작품이다. 리허설에 들어간 출연진들이 느낌을 함께하기 위해 권진규아틀리에를 찾기도 했다.

권진규아틀리에는 문화재청 등록문화재로 지정되어 있다. 2006년부터는 내셔널트러스트문화유산기금의 시민문화유산 3호로 지정되어 보존되고 있다. 기금은 아틀리에에 오랫동안 끊겼던 예술의 연緣을 되살리고 있다. 권진규의 삶과 작품 세계를 알리는 강연, 문화 예술 프로그램과 정기 개방 프로그램 등이 시행되고 있다. 아틀리에는 무게 있는 작가들의 작품을 기획 전시하는 공간으로도 활용되고 있다. 2015년부터 격년으로 조각가 《정현》, 《류인》, 《조각가 김정숙: 나의 어머니, 나의 애장품》, 《김주영-되살린 기억》 전시가 열렸다. 바깥 살림채는 작가들에게 창작 공간으로 제공되고 있다. 2007년부터 2022년 초 현재까지 윤주희, 전지인, 김상돈, 이민하, 고사리 등 모두 11명의 작가가 작업실로 사용하며 창작 활동을 해 왔다. 아틀리에 바깥 벽면에는 사후 제작된 권진규의 벽화 작품 〈십장생〉의 복제본(사진 2)이 설치되어 있다.

2. 이제 서울 시민 모두가 함께 유족이다

2021년 사단법인 권진규기념사업회와 권진규 누이 경숙네는 권진규 작품 140여 점을 서울시립미술

〈사진 2〉〈십장생〉, 2010년(원작은 1962년경 제작), 석고에 채색, 224.0×262.7×8.0cm.
리움미술관 기증. (재)내셔널트러스트문화유산기금 소장.

관에 기증했다. 그들이 해야 할 숙제는 다한 것 아닌 가 싶다. 그들은 이제 서울 시민이 모두 함께 권진규의 유족이 되었다고 생각한다. 서울시의 시립미술관이 그의 작품을 소장하여 유산 상속자가 되었으므로.

서울시립미술관은 권진규 탄생 100주년을 기념하여 2022년 3월 24일부터 5월 22일까지 《노실의 천사》전을 개최한다. 한국근현대미술사학회는 전시 기간에 권진규 탄생 100주년을 기리는 학술대회를 연다. 서울시립미술관 전시가 끝나면 광주시립미술관이 이어서 권진규 탄생 100주년전을 갖는다.

두 곳 시립미술관이 개최하는 권진규 탄생 100주년전이 끝나고 2023년이 되면 서울시립미술관은 남서울미술관(사진 3)에 권진규 컬렉션 상설 전시 공간을 연다. 서울시립남서울미술관 건물은 예전 벨기에 영사관 건물이었다. 1905년에 근대 서구 건축 양식으로 지어졌다.[3] 프랑스 근대 조각가 부르델의 예맥을 이어받은 권진규의 근대 조각과 너무나도 잘 어울리지 않겠는가. 한시바삐 그곳에서 그의 작품을 보고 싶다. 그곳에서 환하게 웃는 그의 얼굴을 보고 싶다.

3. 오직 감사할 따름이다

권진규 사후, 여기에 오기까지 먼 길을 오래 걸어왔다. 함께 걸어와 주신 분들이 참으로 많다. 2009년과 2010년 도쿄와 서울에서 개최되었던《권진규전》이후 세상을 떠나신 분들이 많다. 연인이었던 도모도 떠나고 브로맨스 조카였던 권옥연도 떠났다. 이분들이 떠나기 전, 진작 나왔어야 할 책이다. 만시지탄晩時之歎, 때를 놓쳐 안타깝다. 허나 늘 그래 온 걸, 그게 인생인 걸 어쩌랴. 늦게나마 나오게 되었으니 다행이다.

많은 분이 원고를 읽어 주시고 격려해 주셨다. 누구의 도움이 컸고 누구의 도움이 작았는지를 헤아려 말하는 것은 도움을 받은 처지에서 할 바가 아니다. 눈을 감고 한 분 한 분 떠올리며 조용히 감사드린다.

그래도 이 책의 연緣을 직접 지어 주신 분들은 글로 새겨 두어야 한다. 나이 들어 이제 머릿속 기억이 시원치 않은 까닭이다. 이 책이 지켜 온 준칙에 따라 성함 뒤 존칭을 생략하고자 한다. 너른 마음으로 양해해 주심을 구한다.

서울시립미술관 관장 백지숙은 서둘러 이 책을 쓰도록 나태한 사람을 흔들고 동기를 일깨워 주셨다. 전 국립중앙박물관 관장이며 이화여자대학교 명예교수인 김홍남은 핵심을 짚어내는 간결한 추천의 글로 이 책의 의미와 가치를 높여 주셨다. 일본 무사시노미술대학의 두 분 교수, 조각가 구로카와 히로타케와 미술사학자 박형국은 전문적 내용에 대한 자문 요청에 높은 식견으로 답해 주셨다. 사진작가 이정훈은 권진규 작품의 수준 높은 고용량 사진을 흔쾌히 제공해 주셨다. 필자의 56년 지기知己인 화가 강경구는 책의 제자題字 '권진규'를 써서 책의 품격을 높여 주셨다. 피케이엠갤러리 대표 박경미는 탄탄한 기획을 이끌며 맵시나는 꼴로 책을 펴내 주셨다. 일곱 분께 각별한 감사의 말씀을 올린다.

끝자락에 덧붙인다. 이 책은 아내 심종온과 함께 쓴 것과 마찬가지이다. 그가 읽고 소감을 말해 주며 북돋워 주지 않았으면 이렇게 나오지 못했다. 그뿐이 아니다. 이 책 곳곳에는 그와 함께해 온 세월이 숙성시켜 준 인생철학이 녹아들어 있다. 그 철학 잉크로 쓴 책이다. 삶과 생각을 나누며 살아온 우리의 결혼 40주년을 자축하며 아내와 함께 이 책을 탄생 100주년을 맞는 외삼촌 권진규의 영전에 바친다.

그의 조카이기에 쓸 수 있었다. 크나큰 영광이 아닐 수 없다. 오직 감사할 따름이다.

〈사진 3〉 서울시립남서울미술관 전경. 서울시립미술관 제공.

주

추천의 글

1. HUH Kyung-Hoe, "Kant, Comte et Marx, Critiques de l'Economie Politique"
    (Thèse pour le Doctorat ès Science économiques, Université de Paris X -
    Nanterre, 1995).

들기　벌거벗은 힘으로 산 권진규

1. 구로카와 히로타케,「권진규 – 부르델의 후예」,『권진규전』
    (도쿄국립근대미술관 · 무사시노미술대학미술자료도서관 ·
    한국국립현대미술관, 2009), 281.

하나　〈도모〉, 사랑을 만남

1. 박형국,「권진규 평전」,『권진규전』(2009), 325.
2. 박형국,「제국미술학교와 이쾌대」,『거장 이쾌대, 해방의 대서사』,
    국립현대미술관 기획 (돌베개, 2015), 124-125.
3. 김채현,「'여성=젖소' 서울우유 광고, 외신은 '몰카범죄'를 주목한다」,
    『서울신문』, 2021년 12월 15일. https://www.seoul.co.kr/news/
    newsView.php?id=20211215500207 (2021년 12월 16일 검색).

둘　〈기사〉, 세상으로 나아감

1. 빈센트 반 고흐,『반 고흐, 영혼의 편지』, 신성림 옮김 (예담, 2005), 189.
2. 원재훈,「미켈란젤로」,『네이버 지식백과』,
    https://terms.naver.com/entry.naver?docId=3567110&cid=59014&category
    Id=59014 (2021년 10월 16일 검색).
3. 최철주,「그이의 조각은 따뜻했어요.」,『계간미술』40호 (1986, 겨울), 62-67.
    전제 한국미술연구소 편『한국의 미술가 권진규』(삼성문화재단, 1997), 210.
4. 박형국,『권진규전』, 311.
5. 2009년 당시 도쿄국립근대미술관 부관장. 2022년 현재 나가노현립미술관
    관장.
6. 마츠모토 도오루,「감정과 구조 – 권진규의 조각」,『권진규전』(2009), 21-23.
7. 박형국,『권진규전』, 321.

셋　〈춤추는 뱃사람〉, 검푸른 시대를 헤쳐감

1. 「건칠전 준비 중인 조각가 권진규 씨」,『조선일보』, 1971년 6월 20일. 전제

『한국의 미술가 권진규』, 207.

2. 최열, 『권진규』 (마로니에북스, 2011), 62.

3. 같은 책, 62-63.

4. 박형국, 『권진규전』, 313-317.

5. 『동아일보』 1962년 3월 29일자에 게재된 기사 내용은 아래와 같다.

「인조 풀에 모형군선」

이순신의 해전 미네츄어

유현목 감독으로 촬영 중인 '임진왜란과 성웅 이순신'의 미네츄어 촬영이 미아리 스타디오에서 진행되고 있다.

스타디오 안에 설치된 오십여 평의 인조 풀에는 역사적인 해전을 방불케하는 모형군선 127척이 띠워 있었다. 왜장 협판안치가 인솔하는 대군의 왜선을 맞아 원균이 일전을 벌리는 씬 ―.

원균의 모함을 받아 이순신 장군은 마침 잡혀있는 때인지라 아군은 무참히 패퇴한다. 이척대의 모형군선에는 대포까지 가설하여 포구에 화약장치를 하고 회로를 연결, 스윗치를 누르는 대로 펑펑 해상화전이 벌어지는가 하면 물속에 시설한 화약이 터져 배에 불이 붙는 등, 교묘한 「트럭」이 계산되어 있다.

거북선에 있는 노는 내부의 소모타로 움직이게 하고 군선들은 배 밑에 철사를 달아 이동시킨다.

「풀」 구석에서는 대형 선풍기 두 대로 바람을 일게 하여 인조 파도를 조성하는데 「화인더」로 비춰본 광경은 제법 리얼한 해전 분위기를 이룬다.

서울공대 강사인 권진규 씨의 특수미술로 설계된 이 미네츄어 시설은 이만팔천 개론의 물값과 합쳐 총제작비 570만 환, 42컷트가 여기서 촬영된다.

깊이 한자 가령인 풀에는 고무장화를 신은 스탭들이 드나들며 배의 위치를 조절하고 있는데 마치 「갈리버 여행기」를 보는 듯하다는 「죠크」까지 튀어나온다. 이 촬영은 본격적인 미네츄어로는 한국에서 최초 최대의 규모이다. 이 특수미술을 담당한 권진규 씨는 일본 「동보」 스타디오에서 세계적인 특수미술가 「단곡」 씨와 더불어 칠 년을 경험한 분이다.

이 미네츄어로 유현목 감독, 김학성 카메라로 촬영되어 온 국산 사상 최대 스펙터클인 이 영화는 끝을 맺는다.

〈사진=미네츄어 촬영 장면. 영평선 위에 모형군선이 널려 있다. 왼쪽 구석에서 선풍기로 파도를 일으킨다.〉

6. 이런 일들은 영화 제작에 참여했던 매제의 부탁을 들어주는 차원에서 한 것이 아닌가 싶다. 영화들이 흥행에 성공하지 못했기에 보수를 받았다 해도

변변치 못했을 것으로 추정된다.

7. 「건칠전 준비 중인 조각가 권진규 씨」, 『한국의 미술가 권진규』, 207.
8. 같은 글, 207.

넷 〈지원의 얼굴〉, 우담바라 꽃 세 송이를 빚음

1. 〈곡마단〉은 테라코타와 건칠 두 기법으로 각기 만들어졌다. 테라코타로는 1966년에 그리고 건칠로는 테라코타를 만든 형틀을 사용해 1971년에 제작된 것으로 추정된다. 테라코타 〈곡마단〉의 소장처는 현재 미상(未詳)이다.
2. 기노우치 요시, 「권진규 조각전」, 『한국의 미술가 권진규』, 239.
3. 최열, 『권진규』, 84.
4. https://www.wikiart.org/en/giacomo-manzu/cardinale-seduto-1964 (2022년 1월 24일 검색). 이 작품의 이미지를 구하기 위해 지아코모 만주 재단(Giacomo Manzù Foundation)에 직접 문의를 하였으나 한 달이 넘도록 회신이 없어서 부득이 포기하였다. 독자 여러분께 깊이 양해를 구한다.
5. 최태만, 「작품 세계」, 『한국의 미술가 권진규』, 100.
6. 마츠모토 도오루, 『권진규전』, 29.
7. 장지원, 「바보엔 존경을, 천재엔 감사를」, 『계간미술』 40호 (1986, 겨울), 83-88. 전제 『한국의 미술가 권진규』, 232.
8. 류숙희, 「다시 돌아온 스카프!」, 『패션엔』, 2021년 7월 29일. https://www.fashionn.com/board/read_new.php?table=1025&number=37649 (2021년 10월 27일 검색).
9. 유재부, 「런던에서 부활한 네버엔딩 오드리 헵번 룩 베스트 5」, 『패션엔』, 2015년 7월 3일. https://m.fashionn.com/board/read.php?table=&number=12379 (2021년 10월 27일 검색).
10. 장지원, 『한국의 미술가 권진규』, 230.

다섯 〈재회〉, 다시 만났으나 다시 헤어짐

1. 황인, 「호랑이 육포 먹고 자란 권옥연, 흥 나면 미성으로 한 곡조」, 『중앙일보』, 2019년 3월 2일. https://www.joongang.co.kr/article/23399540#home (2021년 10월 28일 검색).
2. 같은 글.
3. 박형국, 『권진규전』, 317.

4. 같은 글, 319.
5. 시미즈 다카시, 「권진규 조각전」, 『권진규 조각전』(니혼바시 화랑, 1968). 전제 『한국의 미술가 권진규』, 238.

여섯 〈손〉, 솜씨를 다해 혼을 빚음
1. 정재숙, 「백남준의 예술 인생」, 『중앙일보』, 2006년 3월 21일. https://www.joongang.co.kr/article/2128036#home (2021년 11월 3일 검색).
2. 김광진, 「전통 조형물의 얼과 구조를 탐구하던 선생님」, 『한국의 미술가 권진규』, 234.
3. 같은 글, 234.
4. 1995년 호암상 예술상 수상 직후 국내 언론과 인터뷰에서 한 말.「백남준이 남긴 말·말·말 "예술은 고등 사기다"」, 『경향신문』, 2006년 1월 30일. https://www.khan.co.kr/feature_story/article/200601301827511 (2022년 1월 25일 검색).
5. 김광진, 『한국의 미술가 권진규』, 234.
6. 같은 글, 233.
7. 「건칠전 준비 중인 조각가 권진규 씨」, 『한국의 미술가 권진규』, 207.
8. 김광진, 『한국의 미술가 권진규』, 234.
9. 김용원, 『구름의 마음 돌의 얼굴』(도서출판 삶과 꿈, 2020), 280.
10. 같은 책, 283.
11. 같은 책, 283.
12. 같은 책, 283-284.
13. 당시 이 작품은 〈그리스도의 십자가〉의 이름으로 전시되었다. 이 책에서는 〈십자가 위 그리스도〉로 소개하고 있다. 이 이름이 더 적합하지 않은가 한다.

일곱 〈자소상〉, 나를 드러내 보임
1. 『표암고豹菴稿』, 한국문집총간 제80집 (한국고전번역원); 손환일, 「단원 김홍도의 화제(畫題)의 서체와 낙관인」, 『한국사상과 문화』 제100집(한국사상문화학회 논문집, 2019. 327-380):333
2. 손환일, 같은 글, 330.
3. 자화상임을 증거하는 글이나 자료는 발견되지 않았으나 강세황보다 한 세대 앞 문인화가였던 윤두서가 1710년경 종이에 수묵담채로 그린 초상이 우리나라 최초의 자화상으로 인정받고 있다. 국보 제240호이다.
4. 이동천은 1782년 강세황 자화상의 작가가 강세황이 아닌 단원

김홍도라고 주장한다(이동천,「'강세황 70세 자화상' 예술계 절친 김홍도
작품」,『주간동아』, 2013년 5월 6일. https://weekly.donga.com/List/3/
all/11/95788/1, 2021년 11월 8일 검색). 그는 강세황이 같은 해(1782년)에
그린 작품〈약즙산수〉를 보건대 "그가 노년에 젊은 날보다 필력이 더욱
굳세어졌음을 보여준다."라고 기술하면서 강세황이 쇠약해져서〈자화상〉을
직접 그리지 못했을 것이라고 단정한다. 앞뒤가 안 맞는 주장 아닌가
한다.〈자화상〉이 단원의 작품이라고 할 때는 낙관의 글씨가 강세황의
것이 아니라 단원의 것이라는 서체 분석도 있어야 할 것이나 그런 것 없이
강세황과 김홍도 사이의 친분 상 서로 양해가 가능했을 것이라는 추론을
내놓았다. 그러나, 과연 강세황이 친분을 이용해 제자의 작품에 자신의
낙관을 찍을 만큼 파렴치한 인물이었을까. 올곧은 선비 됨을 인생의
지향으로 삼았던 단원이 강세황과 그런 낯 뜨거운 거래에 공조하였을까.
이동천의 대화代畵 주장은 그리 신빙성이 없어 보인다.

5. '근대 개인'의 시발이라 할 수 있는 종교개혁이 1517년에 점화되었고 이보다
   다소 일찍 알브레히트 뒤러Albrecht Dürer 1471-1528는 1500년 예수의 상을 닮은
   〈자화상〉을 내놓았다.

6. 〈강세황자필본〉에 붙인 낙관 글은 다음과 같다.

彼何人斯(피하인사)	그는 어떤 사람인가
鬚眉晧白(수미호백)	수염과 눈썹이 희고
頂鳥帽(정조모)	사모를 썼으되
被野服(피야복)	평복을 입었네
於以見心山林(어이견심산림)	이로 보니 마음은 산과 숲에 있으나
而名朝籍(이명조적)	이름은 조정에 두었네
胸藏二酉(흉장이유)	가슴은 많은 책을 안고
筆搖五嶽(필요오악)	붓은 큰 산을 옮기네
人那得知(인나득지)	사람들이 어찌 알겠소
我自爲樂(아자위락)	나 홀로 낙을 삼나니
翁年七十(옹년칠십)	늙어서 나이 일흔이 되었고
翁號露竹(옹호노죽)	늙어서 호를 노죽이라 하오
其眞自寫(기진자사)	그 초상을 스스로 그리고
基贊自作(기찬자작)	스스로 기리는 글을 짓는다오
歲在玄默攝提格(세재현묵섭제격)	때는 현묵*, 임인(1782년)

   * '현묵'은 강세황의 눈에 요란하지 않은 가운데 백성을 다스렸던 정조의
   치정을 뜻하는 수사로 보인다.

   ** 찬讚의 한글 번역은 필자가 옮긴 것으로 대체하였다.

『한국, 100개의 자화상: 조선에서 현대까지』(서울미술관, 1995), 30-31.

7. 같은 책.

8. 무사시노미술대학의 박형국 교수에게 일본의 자소상에 대해 문의하였는데 아래와 같이 확인해 주었다. 감사드리며 그대로 옮긴다. "일본에서는 오기하라 모리에萩原守衛 1879-1910 등 로댕으로부터 조각을 배운 유럽 유학파들이 1900년대 초부터 자소상을 만들었습니다. 로댕과 부르델 등 조각가들은 조각 수업에서 거울을 이용해 자소상을 제작하는 방법을 가르쳤습니다. 당시 조각가들은 모델이 없을 때나 어떤 특별한 이유가 있을 때 자소상을 제작했습니다. 시미즈 다카시의 경우, 1924-1926년 부르델 공방에서 찍은 사진에 시미즈 다카시 자신이 만든 자소상이 보입니다." 박형국, 허경회의 Messenger 문답, 2021년 11월 8일.

9. 박혜일, 「조각가 권진규와의 만남」, 『한국의 미술가 권진규』, 218.

10. 박형국, 앞의 책, 325.

여덟 〈십자가 위 그리스도〉, 구원을 기림

1. 김지강, 「사회적기업, 청년 예술가의 경제적 자립 돕는다」, 『조선일보』, 2021년 11월 2일. https://www.chosun.com/national/national_general/2021/11/02/YX33MDRYYVAI5FFOTBU7XVNA5I/?utm_source=naver&utm_medium=referral&utm_campaign=naver-news (2021년 11월 12일 검색).

2. 최열, 「이중섭 연보」, 『이중섭, 백년의 신화』(국립현대미술관, 2016), 254-255.

3. 후에 권진규도 같은 나이 쉰하나에 세상을 하직한다.

4. 최열, 『이중섭, 백년의 신화』, 192.

5. 정중헌, 「박수근」, 『네이버 지식백과』, https://terms.naver.com/entry.naver?docId=3577685&cid=58862&categoryId=58878 (2021년 11월 20일 검색).

6. 박형국, 『권진규전』, 323.

7. 최철주, 『한국의 미술가 권진규』, 213.

8. 권진규, 「예술적 산보」, 『조선일보』, 1972년 3월 3일. 전제 『한국의 미술가 권진규』, 208.

9. 같은 글.

10. 유준상, 「권진규, 그 예술 세계」, 『권진규 제1주기 추모전』(명동화랑, 1975). 전제 『한국의 미술가 권진규』, 242.

11. 「다이너스클럽」, 『네이버 지식백과』,

286

https://terms.naver.com/entry.naver?docId=1257303&cid=40942&categor
yId=34658 (2021년 11월 20일 검색).

12. 2012년 2월 24일 스톡홀름 실내육상선수권대회에서 5m 1cm를 뛰어넘어 실내 세계신기록을 세웠다. 그의 28번째 세계신기록(실내·실외 포함)이었다.

13. 김세훈, 「'IOC 위원' 이신바예바, 선수 은퇴 선언」, 『스포츠경향』, 2016년 8월 20일. https://sports.khan.co.kr/news/sk_index.html?art_id=201608200 305003&sec_id=530601&pt=nv (2021년 11월 14일 검색).

14. 「권진규 조각전」, 『조선일보』, 1971년 12월 14일. 전제 『한국의 미술가 권진규』, 237.

15. 같은 책, 217-223. 박형국, 『권진규전』, 321-323.

16. 권옥연, 「내 기억 속의 진규 아저씨」, 『한국의 미술가 권진규』, 215.

17. 박형국, 『권진규전』, 323.

18. 성북구립미술관이 개최한 《성북의 조각가들》[2017. 4. 5-6. 18]에 처음 공개되었는데 최만린은 생전 권진규가 자신에게 이 작품을 선물했던 일화를 소개하였다.

아홉 〈불상〉, 미륵의 강림을 염원함

1. 청동불상으로는 1995년에 조성된 일본의 〈우시쿠대불牛久大佛〉이 현재 가장 높은 불상으로 알려져 있다. 높이 120m에 달한다.

2. 대불은 석가모니의 신장 크기인 장육상보다 큰 불상을 일컫는다.

3. 최열, 『권진규』, 38.

4. 본디 여래는 불佛보다 더욱 이상적인 존재를 의미하는 말이었다. 석가모니도 자기가 여래 가운데 한 사람이라고 말해지는 것을 꺼릴 정도였다.

5. 「조카 허명회에게 보낸 편지」, 『한국의 미술가 권진규』, 206.

6. 박형국, 『권진규전』, 321.

7. 같은 글, 321.

열 〈흰소〉, 예술을 기리며 떠남

1. 〈해신〉은 국립현대미술관 덕수궁관에서 열린 《DNA: 한국미술의 어제와 오늘》에 건칠 〈십자가 위 그리스도〉, 목각 〈불상〉과 함께 전시되었다.

2. 최호열, 「법산스님의 죽비소리」, 『신동아』, 2018년 10월 3일. https://shindonga.donga.com/3/all/13/1479481/1 (2021년 11월 29일 검색).

3. 최열, 『이중섭, 백년의 신화』, 255.

4. 박형국,『권진규전』, 323.

맺기 2022 새로운 여정에 듦
1. 최열,『권진규』, 112.
2. 도모는 이후 두 차례 더 서울을 방문한다. 1993년 6월 그리고 2009년 12월 국립현대미술관 덕수궁관《권진규전》때 초청을 받아 서울을 방문했다.
3. 원래 중구 회현동에 있었으나 도심재개발사업으로 인해 1983년 관악구 남부순환로 2076으로 옮겨졌다. 4호선 사당역 6번 출구에서 도보로 1분 거리에 있다. 권진규아틀리에는 4호선 성신여대역 1번 출구에서 도보로 10분 거리에 있다. 4호선이 그의 아틀리에와 작품 상설 공간을 이어 준다.

참고 문헌

단행본

국립현대미술관 기획, 『거장 이쾌대, 해방의 대서사』, 돌베개, 2015.
김용원, 『구름의 마음 돌의 얼굴』, 도서출판 삶과 꿈, 2020.
빈센트 반 고흐, 『반 고흐, 영혼의 편지』, 신성림 옮김, 예담, 2005.
최열, 『권진규』, 마로니에북스, 2011.
한국미술연구소 편 『한국의 미술가 권진규』, 삼성문화재단, 1997.

전시 도록

『권진규전』, 도쿄국립근대미술관·무사시노미술대학미술자료도서관·
  한국국립현대미술관, 2009.
『이중섭, 백년의 신화』, 국립현대미술관, 2016.
『한국, 100개의 자화상: 조선에서 현대까지』, 서울미술관, 1995.

학술 논문

손환일, 「단원 김홍도의 화제(畵題)의 서체와 낙관인」, 『한국사상과 문화』
  제100집(한국사상문화학회 논문집), 2019. 327-380.

신문 기사 및 온라인 자료

김세훈, 「'IOC 위원' 이신바예바, 선수 은퇴 선언」, 『스포츠경향』,
  2016년 8월 20일.
김지강, 「사회적기업, 청년 예술가의 경제적 자립 돕는다」, 『조선일보』,
  2021년 11월 2일.
류숙희, 「다시 돌아온 스카프!」, 『패션엔』, 2021년 7월 29일.
유재부, 「런던에서 부활한 네버엔딩 오드리 헵번 룩 베스트 5」, 『패션엔』,
  2015년 7월 3일.
이동천, 「'강세황 70세 자화상' 예술계 절친 김홍도 작품」, 『주간동아』,
  2013년 5월 6일.
정재숙, 「백남준의 예술 인생」, 『중앙일보』, 2006년 3월 21일.
최호열, 「법산스님의 죽비소리」, 『신동아』, 2018년 10월 3일.
황인, 「호랑이 육포 먹고 자란 권옥연, 홍 나면 미성으로 한 곡조」, 『중앙일보』,
  2019년 3월 2일.
「백남준이 남긴 말·말·말 "예술은 고등 사기다"」, 『경향신문』, 2006년 1월 30일.
「인조 풀에 모형군선」, 『동아일보』, 1962년 3월 29일.

원재훈, 「미켈란젤로」, 『네이버 지식백과』.
정중헌, 「박수근」, 『네이버 지식백과』.
「다이너스클럽」, 『네이버 지식백과』.

작품 목록

하나 〈도모〉, 사랑을 만남

〈도모〉, 1951년경, 석고에 채색, 24.0×17.0×23.0cm. 권경숙 기증.
　　서울시립미술관 소장.
　　사진 2 (30p), 사진 12 (40p), 사진 13 (41p)

〈도모〉, 1957년경, 종이에 연필, 30.2×26.3cm. (사)권진규기념사업회 기증.
　　서울시립미술관 소장.
　　사진 6 (34p)

〈도모〉, 1957년, 종이에 콘테, 30.2×26.3cm. (사)권진규기념사업회 기증.
　　서울시립미술관 소장.
　　사진 7 (35p)

〈도모〉, 1957년경, 석고, 27.0×21.0×24.0cm. (사)권진규기념사업회 기증.
　　서울시립미술관 소장.
　　사진 8 (36p)

둘 〈기사〉, 세상으로 나아감

〈마두 A〉, 1952년경, 안산암, 31.4×64.2×15.6cm. 국립현대미술관 소장.
　　사진 3 (51p)

〈마두 B〉, 1953년경, 안산암, 30.0×72.0×18.0cm. 권경숙 기증.
　　서울시립미술관 소장.
　　사진 4 (51p)

〈기사〉, 1953년, 안산암, 62.0×65.0×29.0cm. 권경숙 기증.
　　서울시립미술관 소장.
　　사진 6 (54p), 사진 7 (55p)

〈말과 소년 기수〉, 1965년경, 점토에 채색, 35.0×34.0×36.0cm. 개인 소장.
　　사진 8 (57p)

〈뱀〉, 1953년, 안산암, 50.0×27.0×21.0cm. 권경숙 기증. 서울시립미술관 소장.
　　사진 10 (61p)

셋 〈춤추는 뱃사람〉, 검푸른 시대를 헤쳐감

〈두 사람〉, 1964년, 테라코타, 70.0×97.0×7.7cm. 개인 소장.
　　사진 4 (77p)

〈춤추는 뱃사람〉, 1965년, 테라코타, 58.0×79.0×7.0cm. 개인 소장.
　　사진 5 (80p)

넷 〈지원의 얼굴〉, 우담바라 꽃 세 송이를 빚음

〈해신〉, 1963년, 테라코타, 46.5×61.5×20.5cm. 개인 소장.
    사진 3 (88p)
〈곡마단〉, 1971년경, 건칠에 채색, 90.0×90.0×3.0cm. 국립현대미술관 소장.
    사진 4 (89p)
〈지원의 얼굴〉, 1967년, 테라코타, 50.0×32.0×23.0cm. 국립현대미술관 소장.
    사진 5 (93p)
〈경자〉, 1968년, 테라코타, 45.0×34.5×23.5cm. 개인 소장.
    사진 7 (100p)
〈싫어〉, 1968년, 테라코타, 27.6×29.2×24.0cm. 개인 소장.
    사진 8 (103p)

다섯 〈재회〉, 다시 만났으나 다시 헤어짐

〈재회〉, 1967년, 테라코타(좌대: 나무), 70.5×71.5×36.0cm. 개인 소장.
    사진 2 (120p), 사진 4 (124p), 사진 5 (125p), 사진6 (126p), 사진 7 (127p)
〈데생〉, 1964년, 종이에 펜, 35.5×25.5cm. (사)권진규기념사업회 기증.
    서울시립미술관 소장.
    사진 3 (122p)
〈애자〉, 1967년, 테라코타, 46.0×35.0×25.5cm. 도쿄국립근대미술관 소장.
    사진 8 (134p)

여섯 〈손〉, 솜씨를 다해 혼을 빚음

〈손〉, 1968년, 테라코타, 51.0×29.0×15.0cm. 국립현대미술관 소장.
    사진 1 (150p), 사진 2 (152p), 사진 3 (153p)

일곱 〈자소상〉, 나를 드러내 보임

강세황, 〈강세황자필본〉, 1782년, 비단에 채색, 88.7×51.0cm. 진주강씨
    백각공파 종친회 소장. 문화재청 제공.
    사진 1 (166p)
〈자소상〉, 1953년, 석고, 27.2×21.0×17.7cm. 도시마 야스마사기념관 소장.
    사진 2 (172p), 사진 3 (173p)
〈희구〉, 1965년, 테라코타, 19.8×16.1×18.6cm. 개인 소장.
    사진 5 (177p)
〈자소상〉, 1967년, 테라코타, 34.4×22.0×21.2cm. 국립현대미술관 소장.
    사진 6 (178p)

〈자소상〉, 1968년, 테라코타, 19.8×16.1×18.6cm. (사)권진규기념사업회 기증.
　서울시립미술관 소장.
　사진 7 (179p)
〈가사를 걸친 자소상〉, 1971년, 테라코타에 채색, 49.0×23.0×30.0cm.
　고려대학교박물관 소장.
　사진 8 (181p)
〈마두〉, 1969년, 테라코타, 35.0×57.5×19.0cm. 고려대학교박물관 소장.
　사진 10 (186p)
〈비구니〉, 1970년, 테라코타, 48.0×37.0×20.0cm. 고려대학교박물관 소장.
　사진 13 (189p)

여덟 〈십자가〉, 구원을 기림
〈계〉, 1962년경, 종이에 묵, 48.0x30.0cm. 고려대학교박물관 소장.
　사진 2 (202p)
〈십자가 위 그리스도〉, 1970년, 건칠, 127.0×141.0×31.0cm. 개인 소장.
　사진 6 (220p), 사진 7 (221p), 사진 8 (222p)
〈여인두상〉, 1960년대, 테라코타, 25.0×17.0×14.0cm. 개인 소장.
　성북구립미술관 제공.
　사진 9 (226p)

아홉 〈불상〉, 미륵의 강림을 염원함
〈보살입상〉, 1955년, 나무, 54.3×13.3×10.9cm. 개인 소장.
　사진 1 (236p)
〈불상〉, 1971년, 나무에 채색, 45.0×24.2×17.5cm. 개인 소장.
　사진 2 (241p)
〈철조여래좌상〉, 고려시대, 철, 94.0cm(높이). 국립중앙박물관 소장.
　사진 3 (243p)
〈금동보살반가사유상〉, 삼국시대, 금동, 98.0cm(높이). 국립중앙박물관 소장.
　사진 4 (243p)
〈불상〉, 1971년, 테라코타에 채색, 34.3×26.4×15.6cm. 개인 소장.
　사진 5 (248p)
〈불상〉, 1971년, 건칠, 37.1×28.6×16.0cm. 개인 소장.
　사진 6 (249p)

열 〈흰소〉, 예술을 기리며 떠남

〈입산〉, 1964년, 나무, 106.0×93.0×23.0cm. (사)권진규기념사업회 기증.
　　서울시립미술관 소장.
　　사진 1 (253p)

〈입산〉, 1964년, 종이에 연필, 19.8×27.0cm. (사)권진규기념사업회 기증.
　　서울시립미술관 소장.
　　사진 2 (254p)

이중섭, 〈황소〉, 1950년대, 종이에 유채, 26.4×36.7cm. 국립현대미술관 소장.
　　사진 3 (261p)

〈흰소〉, 1972년, 테라코타에 채색, 31.1×48.5×42.1cm. 개인 소장.
　　사진 4 (261p), 사진 5 (262p), 사진 6 (262p)

〈애자〉 거푸집, 1967년, 석고, 53.3×41.4cm. 권경숙 기증.
　　(재)내셔널트러스트문화유산기금 소장. 피케이엠갤러리 제공.
　　사진 9 (266p)

맺기　2022 새로운 여정에 듦

〈십장생〉, 2010년(원작 1962년경), 석고에 채색, 224.0×262.7×8.0cm.
　　리움미술관 기증. (재)내셔널트러스트문화유산기금 소장.
　　사진 2 (276p).

이 작품 목록에 작가 표기가 없는 것은 모두 권진규 조각가의
작품입니다(〈철조여래좌상〉, 〈금동보살반가사유상〉 제외).

저자 허경회는 조각가 권진규(1922-1973)의 누이 권경숙의 둘째 아들이다.
권진규 생애 마지막 4년을 한집에서 살았으며 그의 마지막 순간을 처음
목도했다. 서울대학교 경제학과를 졸업하고 프랑스 파리 10대학교에서
박사학위(경제철학)를 취득했다. 일찍이 외삼촌 권진규가 시간강사로 재직했던
홍익대학교의 경제학부 겸임교수를 지냈다. (사)권진규기념사업회를 설립,
그의 기림 사업을 주도해 오고 있다.

이 책에 사용된 모든 사진 이미지는 이미지의 저작권자와 직접 연락하여
사용 허가를 받은 것입니다. 저작권법에 의하여 보호를 받는 저작물이므로
무단 전재 및 복제를 금합니다. 이 책의 사진 이미지들 일부를 제공해
준 (사)권진규기념사업회·이정훈, 고려대학교박물관, 국립중앙박물관,
국립현대미술관 미술연구센터, (재)내셔널트러스트문화유산기금, 도시마
야스마사기념관戶鳥靖昌記念館, 문화재청, 서울시립미술관, 성북구립미술관,
진주강씨 백각공파종친회, 피케이엠갤러리, 그리고 아오야마 도시코靑山敏子,
허준율께 심심한 감사의 말씀을 드립니다. (사)권진규기념사업회·이정훈이
저작권을 갖고 있는 이미지들은 개별 표기를 생략하였습니다.

권진규

초판 1쇄 2022년 3월 14일

발행처
PKM BOOKS

발행인
Jung Lee

글쓴이
허경회

표지 제자(題字)
강경구

기획
(사)권진규기념사업회
피케이엠갤러리

편집 및 디자인
피케이엠갤러리

교정 및 진행
권영진

교열
조신혜

인쇄
그래픽코리아

ISBN 979-11-976081-3-1 03620

PKM BOOKS

서울시 종로구 율곡로3길 74-9
1층 (화동)
+82 2 734 9467

값 22,000원